KB270724

짱짱 쉬운
일본어 회화

짱짱 쉬운
일본어 회화

저 자 이원준
발행인 고본화
발 행 반석출판사
2026년 1월 15일 초판 1쇄 인쇄
2026년 1월 20일 초판 1쇄 발행
반석출판사 | www.bansok.co.kr
이메일 | bansok@bansok.co.kr
블로그 | blog.naver.com/bansokbooks

07547 서울시 강서구 양천로 583. B동 1007호
(서울시 강서구 염창동 240-21번지 우림블루나인 비즈니스센터 B동 1007호)
대표전화 02) 2093-3399   팩 스 02) 2093-3393
출 판 부 02) 2093-3395   영업부 02) 2093-3396
등록번호 제315-2008-000033호

ISBN 978-89-7172-122-3 (13730)

쨈쨈 쉬운 일본어 회화

아는 일본어에서 말하는 일본어로

　지구촌 시대인 오늘날 다른 언어를 배우는 것은 생존의 필수 요소가 되어버렸습니다. 특히 우리와 가까운 나라인 일본은 우리와 정치, 경제, 사회, 문화의 여러 분야에서 밀접하게 얽혀있기에 일본어를 배우는 것은 아주 중요한 일이 되었습니다. 일본어는 우리말과는 전혀 다르지요. 수많은 일본어 교재들이 나오고 학습법이 나왔지만 여전히 일본어 교육은 일본어를 배울 때의 어려움을 해결하지 못하고 있습니다.

　언어를 가장 효과적으로 배우는 방법은 상황을 보고 배우는 것입니다.
　언어를 사용할 때는 대부분 특정 상황에 맞춰서 사용하기 때문입니다. 일본어도 마찬가지입니다. 아무리 교실에서 어려운 문법과 읽는 법을 배워도 실제 상황에서 사용할 수 없으면 소용이 없습니다. 안타깝게도 많은 일본어 학습자들이 아는 것은 많지만 실제로 일본어를 쓸 때는 아는 것을 잘 활용하지 못하는 것이 현실입니다. 왜 이런 일이 일어날까요? 그 이유는 우리나라 대부분의 일본어 학습에 회화가 결여되어 있기 때문입니다. 그리고 회화를 배운다고 해도 특정 상황에서 배우는 것이 아니라 교실에서만 배우기 때문에 밖에 나가면 당황하고 말을 못하는 것입니다. 그렇기에 일본어를 잘하기 위해서는 쉬운 표현이라도 우선 상황에 맞는 표현을 숙지하는 것이 필요합니다.

　이러한 점을 고려하여 이 책은 100가지 상황에 기초한 표현들을 모아 놓았습니다. 이 100가지 상황만 잘 숙지하고 응용할 수 있으면 다른 수많은 상황에서도 일본어를 쓸 수 있을 것입니다. 많은 일본어 학습자들이 이 책을 통해 일본어 실력을 늘리고 원어민들과 자유롭게 이야기할 수 있게 되기를 바랍니다.

저자 이원준

상황으로 익히는 학습 구성

이 책은 크게 8가지 주제가 있고 100가지 상황에 주로 사용되는 표현들을 포함하고 있습니다. 각 상황마다 3가지 핵심 표현들을 배우고 두 개의 대화문을 통해서 이 표현들을 연습할 수 있습니다. 각 대화문은 총 네 개의 문장으로 이루어져서 추가적으로 나오는 표현들을 합치면 총 10개 정도의 표현들을 접할 수 있습니다.

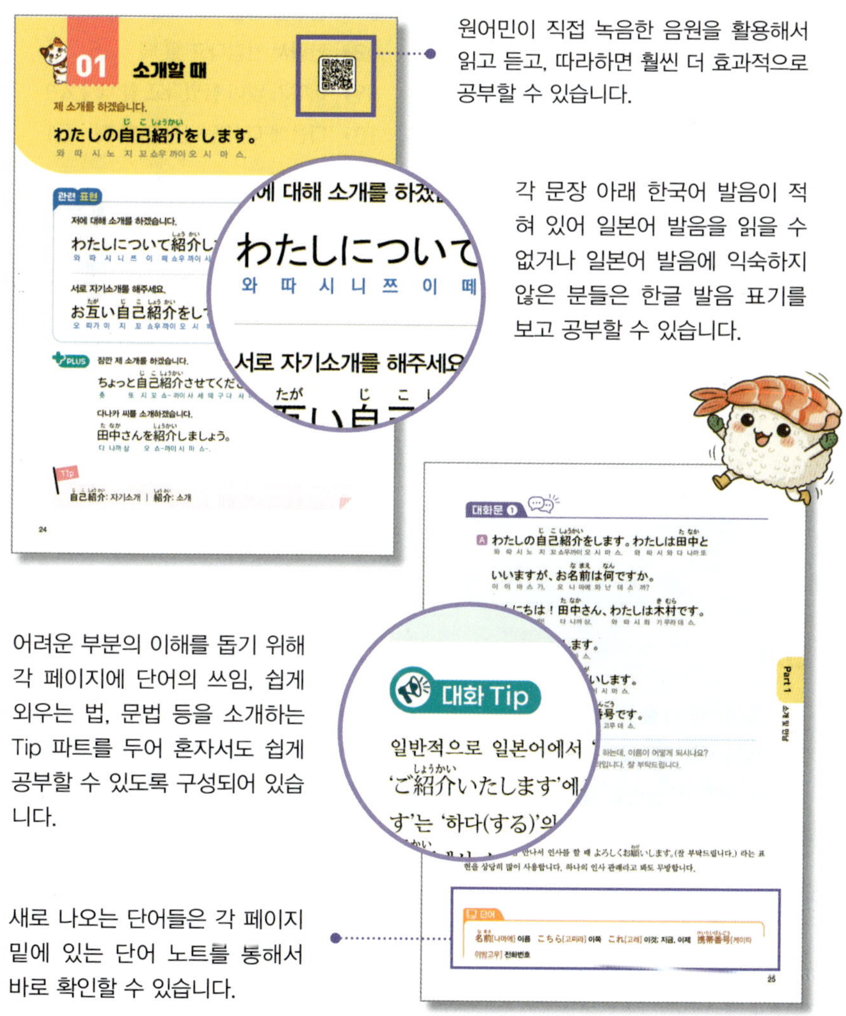

원어민이 직접 녹음한 음원을 활용해서 읽고 듣고, 따라하면 훨씬 더 효과적으로 공부할 수 있습니다.

각 문장 아래 한국어 발음이 적혀 있어 일본어 발음을 읽을 수 없거나 일본어 발음에 익숙하지 않은 분들은 한글 발음 표기를 보고 공부할 수 있습니다.

어려운 부분의 이해를 돕기 위해 각 페이지에 단어의 쓰임, 쉽게 외우는 법, 문법 등을 소개하는 Tip 파트를 두어 혼자서도 쉽게 공부할 수 있도록 구성되어 있습니다.

새로 나오는 단어들은 각 페이지 밑에 있는 단어 노트를 통해서 바로 확인할 수 있습니다.

Content

1. 소개 및 만남

2. 감사(칭찬) 및 사과

3. 관계

7. 일상

8. 도움

한눈에 보는
히라가나(ひらがな)

한눈에 보는
가타카나(カタカナ)

쉽게 익히는 일본어 발음

일본어 기초 필수 단어

	ㅏ	ㅣ	ㅜ	ㅔ	ㅗ
ㅇ	あ 아[a]	い 이[i]	う 우[u]	え 에[e]	お 오[o]
ㅋ	か 카[ka]	き 키[ki]	く 쿠[ku]	け 케[ke]	こ 코[ko]
ㅅ	さ 사[sa]	し 시[si]	す 스[su]	せ 세[se]	そ 소[so]
ㅌ	た 타[ta]	ち 치[chi]	つ 츠[tsu]	て 테[te]	と 토[to]
ㄴ	な 나[na]	に 니[ni]	ぬ 누[nu]	ね 네[ne]	の 노[no]
ㅎ	は 하[ha]	ひ 히[hi]	ふ 후[hu/fu]	へ 헤[he]	ほ 호[ho]
ㅁ	ま 마[ma]	み 미[mi]	む 무[mu]	め 메[me]	も 모[mo]
야	や 야[ya]		ゆ 유[yu]		よ 요[yo]
ㄹ	ら 라[ra]	り 리[ri]	る 루[ru]	れ 레[re]	ろ 로[ro]
와	わ 와[wa]		ん 응[n]		を 오[wo]

	ㅏ	ㅣ	ㅜ	ㅔ	ㅗ
ㅇ	ア 아[a]	イ 이[i]	ウ 우[u]	エ 에[e]	オ 오[o]
ㅋ	カ 카[ka]	キ 키[ki]	ク 쿠[ku]	ケ 케[ke]	コ 코[ko]
ㅅ	サ 사[sa]	シ 시[si]	ス 스[su]	セ 세[se]	ソ 소[so]
ㅌ	タ 타[ta]	チ 치[chi]	ツ 츠[tsu]	テ 테[te]	ト 토[to]
ㄴ	ナ 나[na]	ニ 니[ni]	ヌ 누[nu]	ネ 네[ne]	ノ 노[no]
ㅎ	ハ 하[ha]	ヒ 히[hi]	フ 후[hu/fu]	ヘ 헤[he]	ホ 호[ho]
ㅁ	マ 마[ma]	ミ 미[mi]	ム 무[mu]	メ 메[me]	モ 모[mo]
야	ヤ 야[ya]		ユ 유[yu]		ヨ 요[yo]
ㄹ	ラ 라[ra]	リ 리[ri]	ル 루[ru]	レ 레[re]	ロ 로[ro]
와	ワ 와[wa]		ン 응[n]		ヲ 오[wo]

1. 청음·清音(せいおん)

あ行은 우리말의 「아·이·우·에·오」와 발음이 같다. 단, う는 「우」와 「으」의 중간
음으로 입술을 내밀지도 당기지도 않는 자연스런 상태에서 발음한다.

あ	い	う	え	お
ア	イ	ウ	エ	オ
아 [a]	이 [i]	우 [u]	에 [e]	오 [o]

か行은 단어의 첫머리에 올 때는 입천장에서 나오는 강한 「카·키·쿠·케·코」와 비
슷하며, 단어의 중간이나 끝에 올 때는 「까·끼·꾸·께·꼬」로 발음한다.

か	き	く	け	こ
カ	キ	ク	ケ	コ
카 [ka]	키 [ki]	쿠 [ku]	케 [ke]	코 [ko]

さ行은 우리말의 「사·시·스·세·소」와 발음이 같다. 단, す는 「수」와 「스」의 중간
음으로 입술을 내밀지도 당기지도 않는 자연스런 상태에서 발음한다.

さ	し	す	せ	そ
サ	シ	ス	セ	ソ
사 [sa]	시 [si]	스 [su]	세 [se]	소 [so]

た·て·と는 단어의 첫머리에 올 때는 「다·데·도」로 발음하고, 중간이나 끝에 올 때
는 「따·떼·또」로 발음한다. ち·つ는 「찌·쯔」와 「치·츠」의 중간음으로 「찌·쓰」에
가깝게 발음한다.

た	ち	つ	て	と
タ	チ	ツ	テ	ト
타 [ta]	치 [chi]	츠 [tsu]	테 [te]	토 [to]

な行은 우리말의 「나·니·누·네·노」와 발음이 같다.

な	に	ぬ	ね	の
ナ	ニ	ヌ	ネ	ノ
나 [na]	니 [ni]	누 [nu]	네 [ne]	노 [no]

は行은 우리말의 「하·히·후·헤·호」와 발음이 같다. 단 ふ는 「후」와 「흐」의 중간음으로 입술을 내밀지도 당기지도 않는 자연스런 상태에서 발음한다.

は	ひ	ふ	へ	ほ
ハ	ヒ	フ	ヘ	ホ
하 [ha]	히 [hi]	후 [fu]	헤 [he]	호 [ho]

ま行은 우리말의 「마·미·무·메·모」와 발음이 같다.

ま	み	む	め	も
マ	ミ	ム	メ	モ
마 [ma]	미 [mi]	무 [mu]	메 [me]	모 [mo]

や行은 우리말의 「야·유·요」와 발음이 같고 반모음으로 쓰인다.

や		ゆ		よ
ヤ		ユ		ヨ
야 [ya]		유 [yu]		요 [yo]

ら行은 우리말의 「라·리·루·레·로」와 발음이 같다.

ら	り	る	れ	ろ
ラ	リ	ル	レ	ロ
라 [ra]	리 [ri]	루 [ru]	레 [re]	로 [ro]

わ行의 わ·を는 「와·워」이지만 우리말의 「와·오」와 비슷한 발음으로 들린다. 단, を는 あ행의 お와 발음이 비슷하지만 단어에는 쓰이지 않고 조사 「~을(를)」의 뜻으로만 쓰인다. ん은 はねる音을 참조할 것.

わ		ん		を
ワ		ン		ヲ
와 [wa]		응 [n, m, ng]		워 [wo]

2. 반탁음·半濁音(はんだくおん)

반탁음은 は행의 오른쪽 윗부분에 반탁점(﹀)을 붙인 것을 말한다. 반탁음은 우리말의 「ㅍ」과 「ㅃ」의 중간음으로 단어의 첫머리에 올 경우에는 「ㅍ」에 가깝게 발음하고, 단어의 중간이나 끝에 올 때는 「ㅃ」에 가깝게 발음한다.

ぱ·パ	ぴ·ピ	ぷ·プ	ぺ·ペ	ぽ·ポ
파 [pa]	피 [pi]	푸 [pu]	페 [pe]	포 [po]

3. 탁음·濁音(だくおん)

탁음이란 か·さ·た·は(カ·サ·タ·ハ)행의 글자 오른쪽 윗부분에 탁점(〃)을 붙인 음을 말한다. だ행의 ぢ·づ는 ざ행의 じ·ず와 발음이 동일하여 현대어에서는 특별한 경우, 즉 연탁이 되는 경우 이외는 별로 쓰이지 않는다.

が·ガ	ぎ·ギ	ぐ·グ	げ·ゲ	ご·ゴ
가 [ga]	기 [gi]	구 [gu]	게 [ge]	고 [go]
ざ·ザ	じ·ジ	ず·ズ	ぜ·ゼ	ぞ·ゾ
자 [za]	지 [ji]	즈 [zu]	제 [ze]	조 [zo]
だ·ダ	ぢ·ヂ	づ·ヅ	で·デ	ど·ド
다 [da]	지 [ji]	즈 [zu]	데 [de]	도 [do]
ば·バ	び·ビ	ぶ·ブ	べ·ベ	ぼ·ボ
바 [ba]	비 [bi]	부 [bu]	베 [be]	보 [bo]

4. 요음·拗音(ようおん)

요음이란 い단 글자 중 자음 「き·し·ち·に·ひ·み·り·ぎ·じ·び·ぴ」에 작은 글자 「や·ゆ·よ」를 붙인 음을 말한다. 따라서 「や·ゆ·よ」는 우리말의 「ㅑ·ㅠ·ㅛ」 같은 역할을 한다.

きゃ	しゃ	ちゃ	にゃ	ひゃ	みゃ	りゃ	ぎゃ	じゃ	びゃ	ぴゃ
キャ	シャ	チャ	ニャ	ヒャ	ミャ	リャ	ギャ	ジャ	ビャ	ピャ
캬	샤	챠	냐	햐	먀	랴	갸	쟈	뱌	퍄

きゅ	しゅ	ちゅ	にゅ	ひゅ	みゅ	りゅ	ぎゅ	じゅ	びゅ	ぴゅ
キュ	シュ	チュ	ニュ	ヒュ	ミュ	リュ	ギュ	ジュ	ビュ	ピュ
큐	슈	츄	뉴	휴	뮤	류	규	쥬	뷰	퓨

きょ	しょ	ちょ	にょ	ひょ	みょ	りょ	ぎょ	じょ	びょ	ぴょ
キョ	ショ	チョ	ニョ	ヒョ	ミョ	リョ	ギョ	ジョ	ビョ	ピョ
쿄	쇼	쵸	뇨	효	묘	료	교	죠	뵤	표

5. 하네루음·はねる音(おん)

はねる音인 「ん」은 단어의 첫머리에 올 수 없으며, 항상 다른 글자 뒤에 쓰여 우리말의 받침과 같은 구실을 한다. 또한 ん 다음에 오는 글자의 영향에 따라 「ㄴ·ㅁ·ㅇ」으로 소리가 난다. (이것은 발음의 편의를 위한 자연스런 변화이므로 특별히 신경 쓰지 않아도 된다.)

① 「ㄴ(n)」으로 발음하는 경우

　「さ·ざ·た·だ·な·ら」행의 글자 앞에서는 「ㄴ」으로 발음한다.

② 「ㅁ(m)」으로 발음하는 경우

　「ば·ぱ·ま」행의 글자 앞에서는 「ㅁ」으로 발음한다.

③ 「ㅇ(ng)」으로 발음하는 경우

　「あ·か·が·や·わ」행의 글자 앞에서는 「ㅇ」으로 발음한다. 또한, 단어의 끝에서도 「ㅇ」으로 발음한다.

6. 촉음, 促音(そくおん)

촉음이란 막힌 소리의 하나로 우리말의 받침과 같은 역할을 하는 것을 말한다. つ를 작은 글자 っ로 표기하여 다른 글자 밑에서 받침으로만 쓴다. 이 촉음은 하나의 음절을 갖고 있으며, 뒤에 오는 글자의 영향에 따라 「ㄱ·ㅅ·ㄷ·ㅂ」으로 발음한다.

① 「ㄱ(k)」으로 발음하는 경우

  か행의 글자 앞에서는 「ㄱ」으로 발음한다.

② 「ㅅ(s)」으로 발음하는 경우

  さ행의 글자 앞에서는 「ㅅ」으로 발음한다.

③ 「ㄷ(t)」으로 발음하는 경우

  た행의 글자 앞에서는 「ㄷ」으로 발음한다.

④ 「ㅂ(p)」으로 발음하는 경우

  ぱ행의 글자 앞에서는 「ㅂ」으로 발음한다.

7. 장음·長音(ちょうおん)

장음長音이란 같은 모음이 중복될 때 앞의 발음을 길게 발음하는 것을 말한다. 우리말에서는 장음의 구별이 어렵지만 일본어에서는 이것을 확실히 구분하여 쓴다. 음의 장단에 따라 그 의미가 달라지는 경우가 있으므로 주의해야 한다. 또, カタカナ에서는 장음부호를 「一」로 표기한다. 이 책의 우리말 장음 표기에서도 편의상 「一」로 처리하였다.

01 숫자

일	이	삼
いち 一 이치	に 二 니	さん 三 산
사	**오**	**육**
し/よん 四 시/욘	ご 五 고	ろく 六 로쿠
칠	**팔**	**구**
しち/なな 七 시치/ 나나	はち 八 하치	きゅう 九 큐ー
십	**백**	**천**
じゅう 十 쥬	ひゃく 百 하쿠	せん 千 센

02 계절, 요일

봄	여름	가을	겨울
はる 春 하루	なつ 夏 나츠	あき 秋 아키	ふゆ 冬 후유

화요일	수요일	목요일	금요일
か よう び 火曜日 카요-비	すいよう び 水曜日 스이요-비	もくよう び 木曜日 모쿠요-비	きんよう び 金曜日 킨요-비

월요일		토요일
げつよう び 月曜日 기츠요-비		ど よう び 土曜日 도요-비

일요일

に ちよう び
日曜日
니치요-비

	8월					
일	월	화	수	목	금	토
				1	2	3
4	5	6	7	8	9	10
11	12	13	14	15	16	17
18	19	20	21	22	23	24
25	26	27	28	29	30	31

*1~12월은 月(がつ)(가츠) 앞에 숫자를 붙여 쓰면 된다.

03 과일

사과	딸기	배	포도	수박	복숭아
りんご	いちご	なし	ぶどう	すいか	もも
링고	이치고	나시	부도–	스이카	모모
자두	유자	바나나	오렌지	멜론	레몬
すもも	ゆず	バナナ	オレンジ	メロン	レモン
스모모	유즈	바나나	오렌지	메론	레몬

04 몸

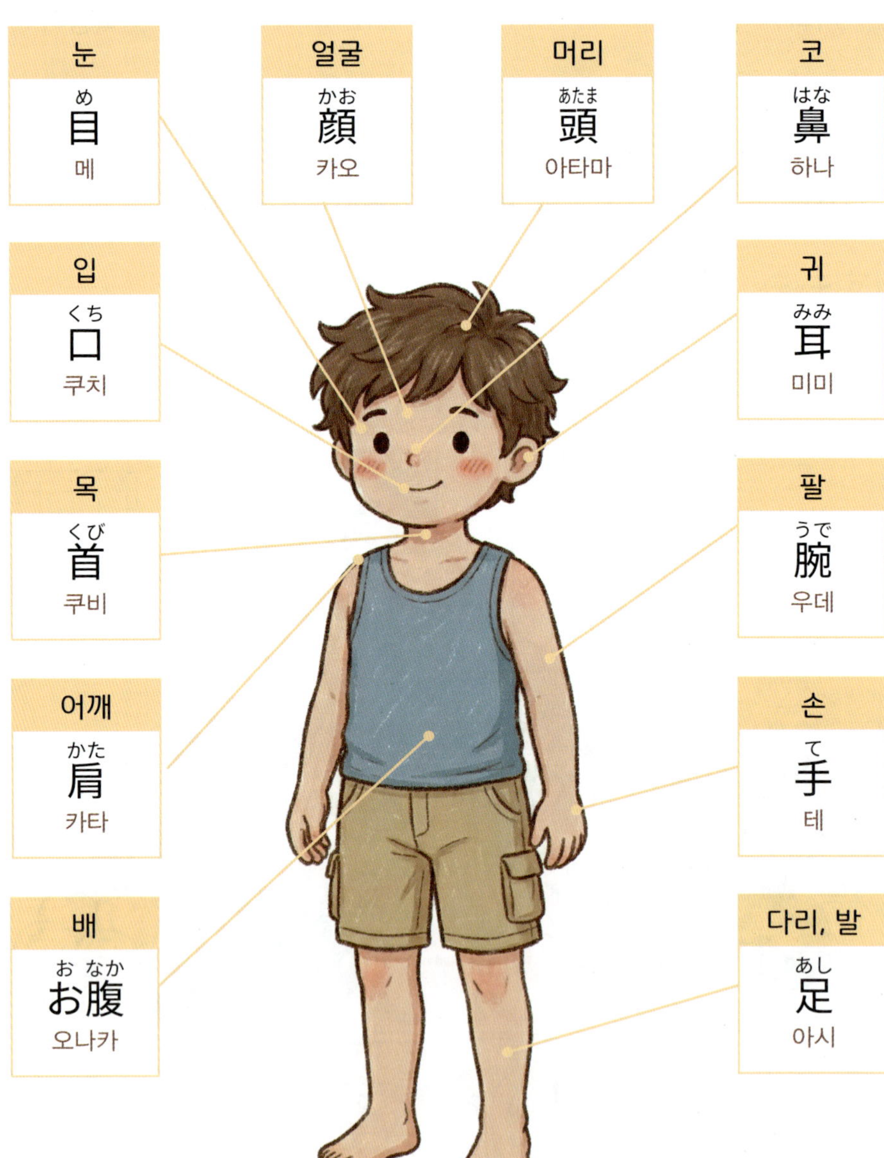

05 가족

*앞의 단어는 자기 가족을 남에게 말할 때 쓰이고 뒤의 단어는 남의 가족을 부를 때 쓰인다.

아버지(아빠)	어머니(엄마)
父 / お父さん	母 / お母さん
치치 / 오토-상	하하 / 오카-상
친할아버지	친할머니
祖父 / おじいさん	祖母 / おばあさん
소후 / 오지-상	소보 / 오바-상
언니, 누나	오빠, 형
姉 / お姉さん	兄 / お兄さん
아네 / 오네-상	아니 / 오니-상
여동생	남동생
妹 / お妹さん	弟 / お弟さん
이모-토 / 이모-토상	오토-토 / 오토-토상
부인	남편
妻 / 奥さん	夫 / ご主人
츠마 / 오쿠상	옷토 / 고슈진

소개 및 만남

누군가를 만나서 소개를 하는 일은 매우 일상적인 일입니다. 소개나 만남을 통해서 나올 수 있는 여러 가지 표현을 정리했습니다. 이를 통해 소개 및 만남에서 나올 수 있는 표현을 구사할 수 있습니다.

소개할 때

제 소개를 하겠습니다.

わたしの<ruby>自己紹介<rt>じ こ しょうかい</rt></ruby>をします。

와 따 시 노 지 꼬 쇼우 까이 오 시 마 스.

저에 대해 소개를 하겠습니다.

わたしについて<ruby>紹介<rt>しょう かい</rt></ruby>します。

와 따 시 니 쯔 이 떼 쇼우 까이 시 마 스.

서로 자기소개를 해주세요.

<ruby>お互<rt>たが</rt></ruby>い<ruby>自己紹介<rt>じ こ しょう かい</rt></ruby>をしてください。

오 따가 이 지 꼬 쇼우 까이 오 시 떼 구 다 사 이.

PLUS 잠깐 제 소개를 하겠습니다.

ちょっと<ruby>自己紹介<rt>じ こ しょうかい</rt></ruby>させてください。

춋 또 지 꼬 쇼- 까이 사 세 떼 구 다 사 이.

다나카 씨를 소개하겠습니다.

<ruby>田中<rt>た なか</rt></ruby>さんを<ruby>紹介<rt>しょうかい</rt></ruby>しましょう。

다 나까 상 오 쇼- 까이 시 마 쇼-.

Tip

<ruby>自己紹介<rt>じ こ しょう かい</rt></ruby>: 자기소개 | <ruby>紹介<rt>しょう かい</rt></ruby>: 소개

Ⓐ わたしの自己紹介をします。わたしは田中と
와 따시 노 지 꼬 쇼우까이 오 시 마 스. 와 따시 와 다 나까 또

いいますが、お名前は何ですか。
이 이 마 스 가, 오 나 마에 와 난 데 스 까?

Ⓑ こんにちは！田中さん、わたしは木村です。
곤　 니 찌 와!　 다 나까 상,　 와 따시 와 기 무라 데 스.

よろしくお願いします。
요 로 시 꾸 오 네가이 시 마 스.

Ⓐ こちらもよろしくお願いします。
고 찌 라 모 요 로 시 꾸 오 네가이 시 마 스.

Ⓑ これはわたしの携帯番号です。
고 레 와 와 따 시 노 케이따이 방 고우 데 스.

- -

Ⓐ 제 소개를 할게요. 저는 다나카라고 하는데, 이름이 어떻게 되시나요?

Ⓑ 안녕하세요! 다나카 씨, 저는 기무라입니다. 잘 부탁드립니다.

Ⓐ 저도 잘 부탁드립니다.

Ⓑ 이것은 제 핸드폰 번호입니다.

🔊 대화 Tip

일본인들은 처음 만나서 인사를 할 때 よろしくお願いします。(잘 부탁드립니다.)라는 표현
을 상당히 많이 사용합니다. 하나의 인사 관례라고 봐도 무방합니다.

📖 단어

名前[나마에] 이름　 こちら[고찌리] 이쪽　 これ[고레] 이것; 지금, 이제　 携帯番号[케이따
이방고우] 전화번호

A わたしが皆さんにご紹介いたします。
와 따 시 가 미나 상　니 고 쇼우까이 이 따 시 마 스.

B はじめまして！よろしくお願いします。
하 지 메 마 시 떼!　요 로 시 꾸 오 네가이 시 마 스.

A 彼は本当に優秀で、物知りですよ。
카레 와 혼 또우 니 유우슈우 데,　모노 시 리 데 스 요.

B 今後、色々とお世話になります。
콘 고　이로이로또 오 세 와 니 나 리 마 스.

- -

A 제가 여러분에게 소개 좀 해드릴게요.

B 처음 뵙겠습니다! 잘 부탁 드릴게요.

A 그는 정말로 우수하고, 박학다식하죠.

B 이후에 여러모로 신세를 지겠습니다.

🔊 대화 Tip

일반적으로 일본어에서 '하겠습니다'라고 표현할 때는 'します'를 쓴다. 하지만 본문에서는 'ご紹介いたします'에서 보이는 것처럼 'いたします'라는 표현이 쓰였는데, 여기서 'いたす'는 '하다(する)'의 겸양어이다. 즉, 본인을 낮추고 얘기할 때 쓰는 표현이다. 참고로 'ご紹介'에서 소개를 뜻하는 단어 紹介앞에 'ご'가 붙은 건데, 이 또한 겸양 표현을 쓸 때 단어 앞에 'ご'를 붙이기도 하기 때문이다. 'お世話になります'는 앞으로 신세를 지겠다는 의미로 많이 쓰이는 표현이니 꼭 기억해두자.

📖 단어

皆さん[미나상] 여러분　彼[카레] 그　本当に[혼또우니] 정말로　優秀だ[유우슈우다] 우수하다　物知り[모노시리] 박학다식한 사람　今後[콘고] 이후　色々と[이로이로또] 여러 가지로, 여러모로

02 처음 만났을 때

만나 뵙게 되어 기쁩니다.

お会いできて嬉しいです。

오 아이 데 끼 떼 우레시 이 데 스.

처음 뵙겠습니다. 잘 부탁합니다.

はじめまして。どうぞよろしく。

하 지메 마시 떼. 도- 조 요 로 시 꾸.

당신을 알게 되어 영광입니다.

あなたにお会いできて光栄です。

아 나 따 니 오 아 이 데 끼 떼 코- 에- 데 스.

**PLUS** 뵙게 되어 영광입니다.

お目にかかれて光栄です。

오 메 니 카 까 레 떼 코- 에- 데 스.

↳ 우리말에서는 「영광(榮光)」이라고 하지만 일본어에서는 반대로 「光榮」이라고 한다.

Tip

お会いする(만나 뵙다)는 会う(만나다)의 높임말이다. 일반적으로 청자가 화자보다 높은 사람일 때 높임말을 쓴다.

^{みたに}
A 三谷さん、お会いできて嬉しいです。
　　미따니 상,　　　오 아 이 데 끼 떼 우레시 이 데 스.

^{よしもと}
B こちらこそ吉本さんにお会いできて光栄です。
　　고 찌 라 코 소 요시모또 상　　니 오 아 이 데 끼 떼 코ー에ー데 스.

^{めい し}
A これはわたしの名刺なんですが、
　　고 레 와 와 따 시 노 메에시 난　　　데 스 가,

^{れんらくさき}　　　^{れんらく}
これからこの連絡先にご連絡ください。
고 레 까 라 고 노 렌 라꾸사끼니 고 렌 라꾸구 다 사 이.

B はい。
　　하 이.

A 미타니 씨, 만나 뵙게 되어 기쁩니다.
B 저도 요시모토 씨를 만나 뵙게 되어 영광입니다.
A 이건 저의 명함인데, 이후에 이 연락처로 연락 주세요.
B 네.

🔊 대화 Tip

こちらこそ는 '저야말로'라는 뜻으로, 격식을 차리는 대화에서 일본인들이 자주 쓰는 표현이다.

📖 단어

^{うれ}
嬉しい[우레시이] 기쁘다　　^{こうえい}
光栄だ[코ー에ー다] 영광이다　　^{めい し}
名刺[메에시] 명함　　^{れんらく}
連絡[렌라꾸] 연락

A 吉田さんにお会いできて嬉しいです。
요시다 상　니 오 아이 데 끼 떼 우레시 이데 스.

B こちらこそ田中さんにお会いできて嬉しいです。
고 찌 라 코 소 다나까상　니 오 아이 데 끼 떼 우레시 이 데 스.

A 名刺一枚いただいてもよろしいでしょうか。
메에 시 이찌마이 이 따 다 이 떼 모 요 로 시 이 데 쇼　오 까?

B はい、どうぞ。
하 이, 도 오 조.

- -

A 요시다 씨를 알게 되어 기쁩니다.
B 저야말로 다나카 씨를 알게 되어 기쁩니다.
A 명함 한 장 주실 수 있나요?
B 네, 여기 있습니다.

Part 1 소개 및 만남

🔊 대화 Tip

いただく(받다)는 もらう(받다)의 겸양어이다. 즉, 화자가 자기보다 지위가 높은 청자를 앞에 두고 대화를 할 때 쓰는 표현이다.

💻 단어

一枚[이찌마이] 한 장　よろしい[요로시이] 좋다, 나쁘지 않다, 괜찮다　どうぞ[도오조]
아무쪼록, 부디, 승낙을 나타내는 공손한 말씨

누군가를 소개할 때

그는 저의 친구입니다.

かれ　　　　　　　　ともだち
彼はわたしの友達です。

카레 와 와 따 시 노 도모다찌 데 스.

그는 저의 친구이고, 고등학교 동창입니다.

かれ　　　　　　　とも だち　　こう こう　　どう そう
彼はわたしの友達で、高校の同窓です。

카레 와 와 따 시 노 도모다찌 데,　코오코우 노 도오소오 데 스.

이분은 저의 동료입니다.

かた　　　　　　　　どう りょう
この方はわたしの同僚です。

고 노 카따 와 와 따 시 노 도오료오 데 스.

PLUS 이 씨, 이분은 다나카 씨입니다.

た なか
李さん、こちらは田中さんです。

이 상　　고 찌 라 와 다 나 까 상　데 스.

Tip

명사 + 〜で가 붙으면 '〜(이)고'가 된다. 아래는 예시문이다.

그는 12살이고, 학생이다.

かれ　　　さい　　がく せい
彼は12才で、学生だ。

카레와 쥬우니사이데, 가쿠세에다.

A 彼はわたしの友達で、
카레 와 와 따 시 노 도모다찌 데,

お互いを紹介させていただきます。
오 따가 이 오 쇼오까이 사 세 떼 이 따 다 끼 마 스.

B じゃあ、お互い知り合ってどれくらいなんですか。
쟈 아, 오 따가이 시 리 앗 떼 도 레 꾸라이 난 데 스 까?

A 数えてみたら10ねんくらいになります。
카조 에 떼 미 따 라 쥬우넨 꾸 라 이 니 나 리 마 스.

B え! お二人は知り合ってかなり長いんですね。
에! 오 후따리 와 시 리 앗 떼 카 나 리 나가인 데 스 네.

A 그는 저의 친구이고, 서로 소개를 해드리겠습니다.

B 그러면 서로 아신 지 얼마나 되었나요?

A 계산해보면 십 년 정도 되었네요.

B 와! 두 분은 아신 지 정말 오래되었네요.

대화 Tip

数えてみたら 이 부분의 문법 표현에 유의할 필요가 있다. 이 표현에는 세 요소가 결합되어 있다. 数える((수를) 세다), ~てみる(~해보다), ~たら(~(하)면) 이 세 가지인데, 먼저 数える와 ~てみる를 결합하면 数えてみる(세어보다)가 된다. 여기에 たら를 붙이면 数えてみたら(세어보면)이 된다.

단어

お互い[오따가이] 서로　知り合う[시리아우] (서로) 알게 되다　数える[카조에루] 계산하다

~くらい[꾸라이] ~정도　長い[나가이] 길다

A 写真見せてあげるよ。
샤 싱 미세 떼아게루 요.

わたしの彼氏だけど、どう?
와 따 시 노 카레시 다 께도, 도 오?

B え! イケメンだね。
에! 이 케 멘 다 네.

A そんなことないよ! ごく普通だよ。
소 나 코 또나 이 요! 고 꾸 후 쯔으다 요.

B 僕も恋愛したいなあ。
보꾸 모 렝 아이 시 따 이 나 아.

A 사진 보여줄게. 내 남자 친구인데 어때?
B 와! 잘생겼다.
A 무슨! 그냥 보통이지 뭐.
B 나도 연애하고 싶다.

대화 Tip

~てあげる는 '~해주다'는 표현이며, 내가 남에게 무언가를 해 줄 때 쓰는 표현이다.
あげる 자체가 무언가를 '주다'는 뜻이다. 아래는 ~てあげる의 예시문이다.

　　펜을 빌려주다.
예) ペンを貸してあげる。
　　펭　오 카 시 떼아 게루.　　*貸す 빌려주다

단어

写真[샤싱] 사진　彼氏[카레시] 남자 친구　イケメンだ[이케멘다] 잘생기다　恋愛[렝아이]
연애

04 이름을 물을 때

이름이 어떻게 되세요?

お名前は何ですか。

오 나 마에와 난 데 스 까?

관련 표현

성함을 여쭤도 될까요?

お名前をうかがえますか。

오 나 마에오우까 가 에 마 스 까?

실례합니다만, 성함은 어떻게 되십니까?

失礼ですが、

시츠 레- 데 스 가,

お名前は何とおっしゃいますか。

오 나 마에와 난 또 옷 샤 이 마 스 까?

Tip

名前(이름)이라는 명사 앞에 お를 붙여서 お名前라고 하는 것은 청자가 화자보다 지위가 높은 사람일 때 때때로 명사 앞에 お를 붙여서 정중함을 표현하는 경우가 있다. お가 붙을 수 있는 명사는 お水(물), お弁当(도시락), お箸(젓가락) 등 여러 가지 단어가 있지만, 정해진 규칙은 없으니 자주 사용되는 표현을 따로 익히도록 해야 된다.

A お名前は何ですか。
오 나마에와 난 데 스 까?

B わたしは木村たくやと申します。
와 따 시 와 기무라 타 쿠 야 또 모오시 마 스.

お名前は何ですか。
오 나마에와 난 데 스 까?

A わたしは中田めぐみです。
와 따 시 와 나카따 메 구 미 데 스.

B 中田さん、よろしくお願いします。
나카 따 상,　　　요 로 시 꾸 오 네가 이 시 마 스.

A 성함이 어떻게 되시나요?
B 저는 기무라 타쿠야라고 합니다. 성함이 어떻게 되시죠?
A 저는 나카타 메구미입니다.
B 나카타 씨, 잘 부탁드립니다.

대화 Tip

보통 자기보다 지위가 높은 청자에게 자신의 이름을 말할 때에는 자신의 이름 뒤에 '〜と申します'(〜라고 합니다)나 '〜といいます'(〜라고 합니다) (뜻은 둘 다 똑같다)를 붙이는 것이 일반적이다. 그러나 상대적으로 따지면 〜と申します가 조금 더 정중한 느낌을 줄 수 있다.

단어

申す[모오스] 말하다 (言う[이우](말하다)의 겸양어, 자신보다 지위가 높은 사람에게 자신을 낮추어 말할 때 쓰는 표현)

A お名前は何ですか。
오 나 마에와 난 데 스 까?

B わたしは桜井祐樹です。あなたは？
와 따 시 와 사쿠라이유우 키 데 스.　아 나 따 와?

A わたしは横井ひとみです。
와 따 시 와 요코 이 히 토미 데 스.

お会いできて嬉しいです。
오 아이 데 끼 떼 우레시 이 데 스.

B こちらこそ。わたしたち友達になりませんか。
고 찌 라 코 소.　와 따 시 타 찌 도모다찌니 나 리 마 셍　　까?

A 이름이 어떻게 되시나요?
B 저는 사쿠라이 유우키입니다. 당신은요?
A 저는 요코이 히토미입니다. 만나서 기쁩니다.
B 저도요. 우리 친구하는 거 어때요?

Part 1
소개 및 만남

🔊 대화 Tip

~になる(~가 되다)라는 표현은 상당히 중요하다. 우리나라 사람들이 이 표현을 해석을 할 때 '되다'는 표현인 なる 앞에 조사 に(~으로, ~에게)가 있기 때문에 해석에 어려움을 겪지만, なる 앞에는 조사 に가 와야 한다는 것을 잊으면 안 된다. 그래서 사실 문장 わたしたち友達になりませんか。를 자연스럽게 직역하면 '우리 친구가 되지 않을래요?'라는 문장이 된다.

📖 단어

会う[아우] 만나다　嬉しい[우레시이] 기쁘다　こそ[코소] ~야 말로　友達[도모다찌] 친구, 동무, 벗

나이를 물을 때

몇 살이니?

なんさい
何才なの？

난 사이 나 노?

나이가 어떻게 되시나요?

なん さい
何才ですか。

난 사이 데 스 까?

연세가 어떻게 되시나요?

おいくつですか。

오 이 쿠 쯔 데 스 까?

 **PLUS** 생일은 언제입니까?

たんじょう び
誕生日はいつですか。

탄 죠- 비 와 이 쯔 데 스 까?

Tip

상대에게 공손하게 나이를 물어볼 때는 何才ですか。보다 おいくつですか。라는 표현을 쓰는 것이 낫다.

A おいくつですか。
오 이 쿠 쯔 데 스 까?

B わたしは今年で27です。おいくつですか。
와 따 시 와 고 또시 데 니쥬우나나데스. 오 이 쿠 쯔 데 스 까?

A わたしとおないどしですね。
와 따 시 또오 나 이 도 시 데 스 네.

B 本当ですか。
혼 또오 데 스 까?

A 나이가 어떻게 되시나요?
B 저는 올해 27입니다. 당신은요?
A 저랑 동갑이네요.
B 정말요?

 **대화 Tip**

일본도 우리나라처럼 나이를 얘기할 때 '살'을 생략하고 숫자만 얘기하기도 한다.

📖 단어

今年[고또시] 올해, 금년   おないどし[오나이도시] 동갑   本当だ[혼또오다] 정말이다

A おいくつですか。
오 이 쿠 쯔 데 스 까?

B 当ててみてください！
아 테 떼 미 떼 구 다 사 이!

A 60歳ぐらいに見えますが。
로꾸줏사이구라 이 니 미 에 마 스 가.

B そんなに若く見えますか。
손 나 니 와카꾸 미 에 마 스 까?

わたしは今年で70ですよ。
와 따 시 와 코또 시 데 나나쥬우데스 요.

- -

A 나이가 어떻게 되시나요?
B 맞춰보세요!
A 60세 정도로 보이는데요.
B 그렇게 젊어 보이나요? 저는 올해 70이에요.

🔊 대화 Tip

일본어로 '몇 개'를 지칭하는 말은 いくつ이다. おいくつ는 오로지 나이를 물을 때 사용하는 표현이므로 헷갈리면 안 된다.

📖 단어

当てる[아테루] 맞추다　見える[미에루] 보이다　そんなに[손나니] 그렇게(나)　若い[와카이] 젊다

06 전화번호를 물을 때

핸드폰 번호가 어떻게 되시나요?

けいたいばんごう　なんばん

携帯番号は何番ですか。

케이따이 방 고오와 난 방 데스 까?

관련 표현

연락처는?

れん らく さき

ご連絡先は？

고　렌　라꾸사끼　와?

회사로 연락하는 방식을 저에게 알려줄 수 있나요?

かい しゃ　　れん らく　　ほう ほう　　おし

会社に連絡する方法を教えて

카이 샤 니 렌 라꾸스 루 호오호오 오 오시 에 떼

もらえますか。

모 라 에 마 스 까?

Tip

～てもらう(～해 받다)라는 표현은 한국인들이 상당히 어려워하는 부분이다. 직관적으로 이해하기 쉽지 않기 때문이다. '～てもらう'는 남이 나에게 무언가를 해줄 때 쓰는 표현이다.

A 携帯番号は何番ですか。
けいたいばんごう　なんばん
케이따이방 고오와 난 방 데 스 까?

B 010-881-3216です。あなたのは何番ですか。
なんばん
제로이찌제로 노 하찌하찌이찌 노 상니이찌로꾸데스. 아나따노와 난방데 스 까?

A わたしのは010-185-8818です。
와 따 시 노 와 제로이찌제로 노 이찌하찌고 노 하찌하찌이찌하찌데스.

B はい、後で連絡します。
あと　れんらく
하 이,　아또 데 렌 라꾸 시 마 스.

- -

A 핸드폰 번호가 어떻게 되시나요?

B 010-881-3216입니다. 당신은 몇 번인가요?

A 제 것은 010-185-8818입니다.

B 네, 나중에 연락할게요.

대화 Tip

조사 'の'는 일반적으로 '~의'라는 뜻의 소유격으로 알려져 있다. 즉, 'の' 뒤에는 반드시 명사가 와야 한다고 오해하는 경우가 많은데 명사가 생략될 경우 '~의 것'으로 해석된다. 예를 들어 'かれの'는 '그의 것'이 된다.

단어

携帯番号[케이따이방고오] 전화번호　　**何番**[난방] 몇 번　　**後で**[아또데] 나중에
けいたいばんごう　　　　　　　　　　　　なんばん　　　　　　　あと

A 弊社の製品の保証期間は1年です。
헤이 샤 노 세이힝 노 호 쇼오 키 깡 와 이찌넹 데 스.

B もし品質に問題があったら、
모 시 힝 시쯔니 몬 다이가 앗 따 라.

わたしがサービスセンターに連絡します。
와 따 시 가 사ー 비 스 센 타ー 니 렌 라꾸시마스.

A 問題がございましたら、わたしにご連絡ください。
몬 다이 가 고 자 이 마 시 따 라, 와 따 시 니 고 렌 라꾸구 다 사 이.

B わかりました。ありがとうございます。
와 까 리 마 시 따. 아 리 가 또ー 고 자 이 마 스.

A 저희 회사 제품의 보증기간은 1년입니다.
B 만약에 품질에 문제가 있으면 제가 서비스 센터에 연락할게요.
A 문제가 있으면 저에게 연락주세요.
B 알겠습니다. 고맙습니다.

🔊 대화 Tip

弊社라는 표현은 비즈니스 현장에서 상당히 많이 사용하는 표현이다. 자신이 속한 회사를 낮추어 부르는 비즈니스 겸양어이다. 고객이나 타 회사에 자신의 회사를 소개할 때는 보통 弊社、小社라고 한다.

📖 단어

製品[세이힝] 제품   保証期間[호쇼오키깡] 보증기간   もし[모시] 만약에   品質[힝시쯔] 품질

リービスセンター[사ー비스센타ー] 서비스 센터   ください[구다사이] 주세요

안부를 물을 때

최근에 어떻게 지냈어요?

最近、どのように過ごしましたか。

사이 낑, 도 노 요 오 니 스 고 시 마 시 따 까?

관련 표현

최근에 여전히 잘 지냈어요?

最近、変わらずお元気でいらっしゃいますか。

사이 낑, 카 와 라 즈 오 겡 끼 데 이 랏 샤 이 마 스 까?

최근에 뭐가 바빠요?

最近、何が忙しいですか。

사이 낑, 나니 가 이소 가시이 데 스 까?

**PLUS** 가족 분들은 잘 지내십니까?

ご家族の皆さんは元気ですか。

고 카 조꾸노 미나상 와 겡 끼 데 스 까?

Tip

最近이라는 단어는 '최근'을 뜻하는데 '최근에'라는 표현을 쓸 때 最近 뒤에 조사 'に'를 붙이면 안 된다.

A 最近、どうですか。
사이 킹, 도 오 데 스 까?

B 新製品の研究開発があって、
신 세에힝 노 켄 큐우까이하쯔 가 앗 떼,

最近、とても忙しいです。あなたは？
사이 킹, 도 떼 모 이소가시이 데 스. 아 나 따 와?

A わたしはそんなに忙しくないです。
와 따 시 와 손 나 니 이소가시꾸 나 이 데 스.

B 忙しい生活はもううんざりです。
이소가시이 세에카쯔 와 모 오운 자 리 데 스.

- -

A 요즘 어떻게 지내세요?

B 신제품 연구 개발하는 것이 있어서 요즘 정말 바빠요. 당신은요?

A 전 그냥 그래요.

B 바쁜 생활은 이제 지긋지긋합니다.

📖 단어

最近[사이낑] 최근 **新製品**[신세에힝] 신제품 **研究開発**[켄큐우카이하쯔] 연구개발

とても[도떼모] 정말로 **忙しい**[이소가시이] 바쁘다 **生活**[세에카쯔] 생활

A 最近、元気ですか。
사이 낑, 겡 끼 데 스 까?

B わたしは先月退職して、家で休んでいます。
와 따 시 와 셴 게쯔타이쇼쿠시 떼, 이에데 야슨　데 이 마 스.

A 転職するんですか。
텐 쇼쿠스 룬　데 스 까?

B はい、転職しようと思っています。
하 이,　텐 쇼쿠시 요 우또 오못　떼 이 마 스.

A 요즘 잘 지내요?

B 저는 지난달에 사직해서 집에서 쉬고 있어요.

A 이직하려고요?

B 네, 이직하려고요.

대화 Tip

'元気だ'는 '건강하다'는 뜻인데, 의문문에서 쓰이면 안부를 묻는 뜻이 된다.
'동사 + ～ようと思う'는 '～하려고 (생각)한다'는 표현이다.

단어

元気だ[겡끼다] 건강하다　先月[센게쯔] 지난달　家[이에] 집　休む[야스무] 쉬다
転職する[텐쇼쿠스루] 이직하다　思う[오모우] 생각하다

08 만나서 반갑다고 할 때

만나 뵙게 되어 기쁩니다.

お会いできて嬉しいです。

오 아 이 데 끼 떼 우레시 이 데 스.

오래간만입니다! 만나서 기쁩니다.

久しぶりです！ 会えて嬉しいです。

히 사 시 부 리 데 스! 아 에 떼 우레시 이 데 스.

이곳에서 다시 만나 뵐 수 있어서 기쁩니다.

ここでまたお会いすることが

고 꼬 데 마 따 오 아 이 스 루 코 또 가

できて嬉しいです。

데 끼 떼 우레시 이 데 스.

 **PLUS**　뵙게 되어 매우 기쁩니다.

お目にかかれてとてもうれしいです。

오 메 니 카 까 레 떼 도 떼 모 우 레 시 이 데 스.

↳「お目にかかる」는 우리말의 「만나뵙다」의 뜻을 가진 겸양어이다.

Tip

'동사+ことができる'는 '〜하는 것이 가능하다, 〜할 수 있다'라는 뜻이다.

A 三上さん、久しぶりです！会えて嬉しいです。
미 카미상, 히사시 부 리 데 스! 아 에 떼 우레시이 데 스.

B わたしたちほぼ2年間会ってないですよね。
와 따 시 따 찌 호 보 니 넨 깡 앗 떼 나 이 데 스 요네.

荒木さんは最近、忙しいですか。
아라 끼 상 와 사이 낑, 이소가시이 데 스 까?

A 最近、マーケティング部に異動して、
사이 낑, 마ー 케 팅 그 부 니 이도오시 떼,

市場調査の業務を担当しています。
시 죠오쵸오사 노 교오무 오 탕 또오시 떼 이마 스.

B 頑張ってください。
감 밧 떼 구 다 사 이.

- -

A 미카미 씨, 오래간만입니다! 만나서 기쁩니다.

B 우리 거의 2년간 못 만났네요. 아라키 씨는 요즘 바쁘세요?

A 최근에 마케팅 부로 옮겨서, 시장 조사 업무를 맡아서 하고 있어요.

B 열심히 하세요.

📖 단어

市場調査[시죠오쵸오사] 시장 조사   業務[교오무] 업무   担当[탕또오] 담당

A 吉田さん、ここでまたお会いできて嬉しいです。
요시다 상, 코꼬데마따오 아이데끼떼우레시이데스.

B お久しぶりです。ここで何をされてるんですか。
오 히사시 부리데스. 코꼬데 나니오 사레떼룬 데스 까?

A わたしは弊社の新製品を持ってきて、
와 따시와 헤이샤 노신세이힝오못 떼키떼,

展示会に参加しに来ました。
텐지까이니 상까시니 키마시따.

B お手数ですが、わたしも連れて行って、
오 테스우데스가, 와따시모츠레떼잇 떼,

新製品を見せていたたげますか。
신세에힝오 미세떼이따다께마스 까?

A 요시다 씨, 이곳에서 다시 만나 뵐 수 있게 되어서 기쁩니다.

B 오래간만입니다. 이곳에서 무엇을 하나요?

A 저는 저희 회사 신제품을 가지고 와서 전시회 참가하러 왔어요.

B 번거롭겠지만, 저 좀 데리고 가서 신제품 좀 보여주실 수 있나요?

🔊 대화 Tip

'お手数ですが'(번거로우시겠지만)은 비즈니스 현장에서 상당히 많이 쓰이는 표현이다. 특히 메일 상에서 무언가를 상대 측에 부탁할 때 많이 쓰인다.

📖 단어

展示会[텐지까이] 전시회   参加する[상까스루] 참가하다   連れて行く[츠레떼이꾸] 데리고 가다

이야기 많이 들었다고 할 때

예전부터 성함 많이 들었습니다.

以前からお名前をよくお聞きしました。

이 젠 까 라 오 나 마에오 요 꾸 오 키 끼 시 마 시 따.

관련 표현

승진했다고 들었습니다.

ご昇進されたと聞きました。

고 쇼오싱 사 레 따 또 키 키 마 시 따.

아빠가 되었다고 들었습니다.

お父さんになったと聞きました。

오 또오상　니 낫 따 또 키 키 마 시 따.

 **PLUS** 요시무라에게 말씀은 들었습니다.

吉村からうわさを聞いてましたよ。

요시무라까 라 우 와 사 오 키 이 떼 마 시 따 요.

Tip

'される'(하시다)는 'する'(하다)의 경어 표현이다. 일반적으로 자기보다 높은 지위에 있는 사람에게 쓰는 표현이다. 특히 비즈니스 자리에서 자주 쓰는 표현이니 유의해서 쓰도록 해야 된다.

A 細見さん、以前からお名前をよくお聞きしました。
호소미 상, 이 젠 까 라오 나마에오 요쿠오 키 끼 시마 시 따.

お会いできて光栄です！
오 아이 데 끼 떼 코우에에데 스!

B いや、とんでもないですよ。わたしはそんなに
이 야, 톤 데모나이데 스 요. 와 따시와 손 나니

能力の優れた人ではありません。
노우료꾸 노 스구 레 따 히또 데 와 아 리 마 셍.

A そんなことありませんよ。
손 나코 또아리마 셍 요.

B いやいや、照れくさいですよ。
이 야 이 야, 테 레 쿠사이 데 스 요.

A 호소미 님, 예전부터 성함 많이 들었습니다. 만나게 되어 영광입니다!
B 에이, 무슨 말씀을. 저는 그렇게 능력이 있는 사람이 아닙니다.
A 그렇지 않아요.
B 아닙니다, 아닙니다. 쑥스럽군요.

🔊 대화 Tip

본문에 나온 '能力の優れた人' (능력이 있는 사람) 구절처럼 조사 'の'가 '~의, ~의 것'이라는 뜻이 아니라 '~가'의 뜻으로 쓰일 수가 있다. 정리하면, '명사 + の + 형용사'의 형태일 경우 조사 'の'는 '~가'로 쓰인다.

📖 단어

光栄だ[코우에에다] 영광이다 能力[노우료꾸] 능력 優れる[스구레루] 우수하다

照れくさい[테레쿠사이] 쑥스럽다

A 以前からお名前をよくお聞きしました。
이 젠 까 라 오 나 마에오 요 쿠오 키 끼 시 마 시 따.

B わたしのような後輩はまだまだ先輩から
와 따 시 노 요 우 나 코우하이 와 마 다 마 다 센 빠이 까 라

学ぶことが多いです。
마 나 부 코 또 가 오 오 이 데 스.

A わたしたちよりも最近の後輩のほうが
와 따 시 따 찌 요 리 모 사이낑 노 코우하이노 호 우 가

よほど優秀ですよ。
요 호 도 유우슈우 데 스 요.

B 全くそんなことありませんよ。
맛따꾸 손 나 코 또 아 리 마 셍 요.

A 예전부터 성함 많이 들었습니다.

B 저 같은 후배는 여전히 선배님에게 배울 게 많습니다.

A 저희보다 최근의 후배들이 더 우수하죠.

B 전혀 그렇지 않습니다.

🔊 대화 Tip

'~のほうが'는 '~(쪽)이 (더)'로 해석된다. 아래는 예시문이다.

치즈 케이크보다도 초코 케이크가 더 좋다.

예) チーズケーキよりもチョコケーキのほうがいい。
치 ― 즈 케 ― 키 요리 모 쵸 코 케 ― 키 노 호 우 가 이 이.

📖 단어

後輩[코우하이] 후배   先輩[센빠이] 선배   学ぶ[마나부] 배우다   優秀だ[유우슈우다] 우수
하다   全く[맛따꾸] 전혀

다음에 다시 만나자고 할 때

다음에 봐요.

また今度会いましょう。

마 따 콘 도 아 이 마 쇼 우.

관련 표현

다음 주에 봐요!

また来週会いましょう！

마 따 라이슈우 아 이 마 쇼-!

그럼, 또 내일 봐요.

では、またあした。

데 와, 마 따 아 시 따.

PLUS 언제 가까운 시일에 또 만납시다.

またいずれ近いうちにまた会いましょう。

마 따 이 즈 레 치까이우찌니 마 따 아 이 마 쇼-.

Tip

'다음 주에'라고 표현을 해야 될 때 '다음 주'를 뜻하는 '来週'에 조사 'に'를 붙여서 '来週に'라고 표현할 수가 없다. '다음 주에'라고 표현하고 싶을 때는 그냥 '来週'를 쓰면 된다.

A 今日、学んだ会話が僕にとって、
쿄우, 마난 다 카이와 가 보꾸니 톳 떼,

かなり役に立つと思います。
카 나 리 야꾸니 타 쯔 또 오모 이 마 스.

B そう？じゃあ、家に帰って、
소 우? 쟈 아, 이에니 카엣 떼,

繰り返して話してみる練習をしてみなさい。
쿠 리 카에시 떼 하나시 떼 미 루 렌 슈우오 시 떼 미 나 사 이.

A はい、テキストを全部覚えます。
하 이, 테 키 스또오 젠 부 오보에 마 스.

B それでは。また来週！
소 레 데 와, 마 따 라이슈우!

A 오늘 배운 회화가 저한테 도움이 많이 될 것 같아요.
B 그래? 그럼 집에 가서 반복해서 말하는 연습을 해봐.
A 네, 텍스트 다 외울게요.
B 그럼, 다음 주에 보자!

대화 Tip

'~とって'는 '~에게 있어서, ~에게는' 이라는 뜻으로 쓰인다. 아래는 예문이다.

저에게 있어서 가장 소중한 것은 가족입니다.

예) わたしにとって一番大切なものは家族です。
와 따 시 니 톳 떼 이찌방타이세쯔나 모 노 와 카조꾸데 스.

단어

会話[카이와] 회화　役に立つ[야꾸니타쯔] 도움이 되다　繰り返す[쿠리카에스] 반복하다

覚える[오보에루] 외우다

A このコーヒーショップは雰囲気もいいし、
코 노 코ー히ー숍　푸 와 훙 이 끼 모 이 이 시,

無料のwi-fiもあって、いいよね。
무 료우노 와이화이 모 앗　떼,　이 이 요 네.

B たまに一緒にここに来て勉強しよう。
타 마 니 잇 쇼 니 코 꼬 니　키 떼 벤　꾜우시 요 우.

A いいよ！
이 이 요!

B また今度会おうね!
마 따 콘　도 아 오 우 네!

- -

A 이 커피숍의 분위기도 좋고, 무료 와이파이도 있고 좋다.
B 같이 가끔 여기 와서 공부하자.
A 좋아!
B 우리 다음에 보자!

🔊 대화 Tip

'〜し〜し'는 '〜하고〜하고'라는 표현이다. 동사, 형용사가 올 수 있으며, 여러 표현들을 나열할 때 주로 사용된다. 아래는 예시문이다.

그녀는 귀엽고, 성격도 좋으니까 인기가 많다.

예) 彼女はかわいいし、性格もいいから人気がある。
카노죠 와 카 와 이 이 시, 세이카꾸모 이 이 까 라 닌 끼 가 아 루.

📖 단어

雰囲気[훙이끼] 분위기　無料[무료우] 무료　勉強[벤꾜우] 공부　いい[이이] 좋다

감사(칭찬) 및 사과

인간관계를 맺다 보면 감사와 칭찬, 사과를 하는 경우가 많습니다. 감사와 칭찬, 사과를 하는 표현은 여러 가지가 있는데 상황에 맞게 다양한 표현을 사용할 수 있습니다.

11 사과할 때

죄송합니다, 다음에 주의하겠습니다.

すみません、次は注意します。

스 미 마 셍,　　　츠기 와 츄우 이 시 마 스.

관련 표현

죄송합니다, 모두 제 잘못입니다.

すみません、全てわたしの間違いです。

스 미 마 셍,　　　스베 떼 와 따시 노 마 찌가이 데 스.

정말 죄송합니다! 모두 제 잘못입니다.

本当に申し訳ありません。

혼 또오 니 모우 시 와께 아 리 마 셍!

全てわたしの間違いです。

스베 떼 와 따시 노 마 찌가이 데 스.

Tip

보통 일본에서 '실수, 잘못'을 지칭하는 말은 '**ミス、失敗、間違い**'라고 표현한다. 그리고 '**申し訳ありません**'은 '**すみません**'보다 더 공손한 자리에서 쓰는 표현이다.

A すみません、全てわたしの間違いです。
스 미 마 셍, 스베 떼 와 따 시 노 마 찌가이 데 스.

B 自ら間違いが分かったならいいんですよ。
미즈까라 마찌가 이 가 와 깟 따 나 라 이 인 데 스 요.

A わたしが多少せっかちで・・・
와 따 시 가 타 쇼우셋 카 찌 데….

B そうですよ。
소 우 데 스 요.

仕事をするときは適当にしてはいけません。
시 고또오 스 루 토 끼 와 테끼또우니 시 떼 와 이 께 마 셍.

- -

A 죄송합니다, 모두가 제 잘못입니다.
B 스스로 잘못을 알았으면 된 겁니다.
A 제 성격이 좀 급해서요...
B 맞습니다. 일을 할 때 대강대강 해서는 안 됩니다.

대화 Tip

'適当だ'는 원래 '적당하다'라는 뜻으로 긍정적인 의미로 통한다. 하지만 '適当に + 동사'처럼 '대충 ~하다'는 의미로도 쓰이니 주의해야 한다.

단어

全て[스베떼] 전부　間違い[마찌가이] 잘못　自ら[미즈까라] 스스로　分かる[와까루] 알다

多少[타쇼우] 다소　仕事[시고또] 일

Part 2 감사(칭찬) 및 사과

A 申し訳ありません。全てわたしの間違いです。
모우시 와께아 리 마 셍.　　스베떼 와 따 시 노 마 찌가이 데 스.

B もう何回目の失敗ですか。
모 우 난 까이 메 노 싯 빠이 데 스 까?

A 本当に申し訳ありません！
혼 또우 니 모우 시 와께 아 리 마 셍!

B 次、また失敗したらだめですよ。
츠기,　마 따 싯 빠이시 따 라 다 메 데 스 요.

A 죄송합니다. 모두가 제 잘못입니다.

B 벌써 몇 번이나 실수한 건가요?

A 정말 죄송합니다!

B 다음에 또 실수하면 안 됩니다.

🔊 대화 Tip

'~たら'는 앞서 나왔었지만 '~하면'으로 주로 쓰인다. 하지만 그 외에도 '~했더니'라는 의미로도 많이 쓰이니 주의해야 한다. 아래는 예시문이다.

이 버튼을 눌렀더니 물이 나왔다.
예) このボタンを押したら、水が出た。
고 노 보 땅　오 오 시 따 라, 미즈가 데 따.

📖 단어

もう[모우] 이미, 벌써　　~回目[까이메] ~번째　　また[마따] 다른 때, 다음　　失敗[싯빠이]

실수, 실패

12 사과를 받아줄 때

괜찮아요. 다음부터 주의하세요.

大丈夫ですよ。次からは注意してください。

다이죠우부 데스 요.　츠기까 라 와 츄우이 시 떼 구 다 사 이.

관련 표현

괜찮아요, 다음부터 주의하면 되죠.

大丈夫ですよ。

다이 죠우 부 데 스 요.

次から注意すればいいですよ。

츠기 까 라 츄우 이 스 레 바 이 이 데스 요.

괜찮아, 다음부터는 주의해 줘.

大丈夫だよ。次からは注意してね。

다이 죠우 부 다 요.　츠기 까 라 와 츄우 이 시 떼 네.

Tip

'～て'형에는 세 가지 뜻이 있다. '동사 + て'는 '～하고, ～해서, ～해 줘'이 세 가지 뜻을 표현한다. '～해 줘'의 뜻으로 쓸 경우, '～てね'가 되면, 뜻에 변화는 없지만 어조가 약간 부드러워진다.

ぶ ちょう   ほん とう
Ａ 部長、本当にすみません。
부 쵸오, 혼 또오니 스 미 마 셍.

だいじょう ぶ   つぎ   ちゅう い
Ｂ 大丈夫ですよ。次からは注意してください。
다이쬬우 부 데 스 요. 츠기 까 라 와 츄우이 시 떼 구 다 사 이.

き ちょうめん
Ａ はい、もっと几帳面にチェックします。
하 이, 못 또 키 쵸우멘 니 쳇   크 시 마 스.

しんらい
Ｂ 信頼してますよ。
신 라이시 떼 마 스 요.

- -

Ａ 부장님, 정말 죄송합니다.
Ｂ 괜찮아요. 다음부터 주의하세요.
Ａ 네, 더 꼼꼼하게 체크하겠습니다.
Ｂ 믿고 있어요.

 대화 Tip

'な형용사'를 '~하게'로 변환할 때에는 원형의 'だ'를 지우고 'に'를 넣어야 한다. 예를 들어
き ちょうめん   き ちょうめん
'几帳面だ'(꼼꼼하다)를 '꼼꼼하게'로 바꾸기 위해서는 '几帳面に'로 변환해야 한다.

📖 단어

き ちょうめん   しんらい
几帳面だ[키쵸우멘다] 꼼꼼하다   信頼する[신라이스루] 신뢰하다, 믿다

A 皆様にお詫び申し上げます。
미나사마니 오 와 비 모우시 아게 마스.

B 誰でも失敗はしますよ。
다레 데 모 싯 빠이 와 시 마 스 요.

A 同じ間違いは二度と繰り返しません。
오나지 마 찌가 이 와 니 도 또 쿠 리 카에시 마 셍.

B 大丈夫ですよ。
다이죠우 부 데 스 요.

落ち込まないで、頑張ってください。
오 찌 코 마 나 이 데, 감 밧 떼 구다 사 이.

A 여러분에게 정중하게 사과드립니다.
B 누구나 실수는 하죠.
A 같은 실수를 두 번 다시는 반복하지 않겠습니다.
B 괜찮아요. 낙담하지 말고 힘내세요.

🔊 대화 Tip

'두 번 다시 ~않겠습니다'라는 표현은 거의 '二度と~ません'이라고 쓰이니 통째로 외워 두면 좋다.
'お詫び申し上げます'는 '죄송합니다'의 가장 높은 경어의 표현이므로 어떤 비즈니스 상황에서도 쓸 수 있는 표현이다.

📖 단어

同じだ[오나지다] 똑같다　繰り返す[쿠리카에스] 반복하다　落ち込む[오찌코무] 낙담하다
頑張る[감바루] 힘내다

13 감사 표시를 할 때

도와주셔서 감사합니다.

て つだ
手伝ってくださってありがとうございます。
테 쯔닷 떼구 다 삿 떼아리가 또— 고 자이마스.

여러분의 응원에 감사드립니다!

みな　　おう えん　　かん しゃ
皆さんの応援に感謝いたします！
미나상　　노 오우엥 니 칸 샤 이 따시마스!

선생님의 조언이 정말 도움이 되었습니다.

せん せい　　　　　　　　　　　ほん とう
先生のアドバイスが本当にために
센 세에노아도바이스가 혼 또우니타메니

なりました。
나 리 마 시 따.

Tip

일반적으로 '감사합니다'는 '어리がとうございます'라고 표현하지만, 그보다 더
공손한 표현인 '감사드립니다'는 '感謝いたします'라고 표현한다.

관련 표현에 '도움이 되다'는 표현은 'ためになる'로 쓰였지만, 일반적으로 '役に
立つ'도 많이 쓰인다.

A この間アドバイスしてくださってありがとうございます。
코 노 아이다아도 바 이 스 시 떼구다 삿   떼 아 리 가 또ー 고 자 이 마 스.

B いやいや、そんなに大したアドバイスでもないですよ。
이 야 이 야,   손   나 니 타이시 따 아 도 바 이 스 데 모 나 이 데 스 요.

A 今度の週末時間ありますか。ごちそうします。
콘 도 노 슈우마쯔 지 깡 아 리 마 스 까?   고 찌 소 우 시 마 스.

B 食事よりも一緒に登山はどうですか。
쇼꾸지 요 리 모 잇 쇼 니 토 장 와 도 우 데 스 까?

A 이번에 조언을 해 주셔서 감사합니다.

B 아니에요, 그렇게 대단한 조언도 아니에요.

A 이번 주말에 시간 되시나요? 식사 대접하고 싶습니다.

B 식사보다도 같이 등산하는 게 어때요?

🔊 대화 Tip

'밥을 사주다'는 표현은 'おごる'를 쓰기도 하지만, 이는 선배나 상사가 후배에게 밥을 사줄 때 흔히 사용된다. 아랫 사람이 윗사람에게 식사를 대접한다고 할 때는 'ごちそうする'를 일반적으로 사용한다.

📖 단어

アドバイス[아도바이스] 조언　週末[슈우마쯔] 주말　食事[쇼꾸지] 식사　登山[토장] 등산

A 色々と手伝ってくれてありがとう。
_{いろいろ　て つだ}
이로이로 또 테 츠닷　떼 쿠레 떼 아 리 가 또ー

B わたしたち友達でしょ？
_{ともだち}
와 따 시 따 찌 토모다찌 데 쇼?

当然のことしただけだよ。
_{とうぜん}
토우젠　노 코 또시 따 다 께 다 요.

A 今日の夜、仕事終わったら、
_{きょう　　よる　　し ごと お}
쿄우　노 요루, 시 고또 오 왓　따 라,

一緒にコーヒー飲まない？
_{いっしょ　　　　　　　の}
잇 쇼 니 코ー 히ー　노 마 나 이?

B いいね！
이 이 네!

- -

A 여러모로 도와줘서 고마워.
B 우리는 친구잖아? 당연한 일을 했을 뿐이야.
A 오늘 저녁에 퇴근하면 우리 같이 커피 마실래?
B 좋아!

🔊 대화 Tip

'当然だ'는 '당연하다'라는 뜻이다. '当然のこと'라고 쓰면, 직역상 '당연의 일'이라는 뜻으로 어색하게 해석되지만, 이는 '당연한 일'이라고 해석하면 된다.

📖 단어

色々[이로이로] 여러 가지, 여러모로　手伝う[테츠다우] 같이 거들다, 남을 도와서 일하다

当然[토우젠] 당연　今日[쿄우] 오늘　夜[요루] 밤　コーヒー [코-히-] 커피

14 마중 나온 것을 감사할 때

마중 나와 주셔서 감사합니다.

お迎えありがとうございます。

오 무까에 아 리 가 또 ― 고 자 이 마 스.

관련 표현

공항에 마중 나와 주셔서 감사합니다.

空港までお迎えに来てくださって

쿠우 꼬우 마 데 오 무까에 니 키 떼 구 다 삿 떼

ありがとうございます。

아 리 가 또 ― 고 자 이 마 스.

역으로 마중 나와 주셔서 감사합니다.

駅までお迎えに来てくださって

에끼 마 데 오 무까에 니 키 떼 구 다 삿

ありがとうございます。

아 리 가 또 ― 고 자 이 마 스.

Tip

'마중 나가다'의 기본 형태는 '迎えに行く'이다. 그러나 자기보다 높은 사람에게 마중을 나가겠다고 할 때는 'お迎えにあがります'(마중 나가겠습니다)라고 하는 것이 일반적이다.

A　もしもし？里奈なの？僕、まさきなんだけど、
모 시모 시?　리 나 나 노?　보꾸, 마 사 끼 난　다 께 도,

今何番出口にいるの？
이마 난 방 데구찌 니 이 루 노?

B　わたし今地下鉄駅の2番出口にいるよ。
와 따 시 이마 치 카 테쯔에끼 노 니방 데 구찌니 이 루 요.

A　そこで待ってて。僕が迎えにいくよ。
소 꼬 데 맛　떼 떼.　보꾸가 무까 에 니 이 꾸 요.

B　迎えに来てくれてありがとう。
무까 에 니 키 떼 쿠 레 떼 아 리 가 또 ─.

A　여보세요! 리나야? 나 마사키인데 몇 번 출구에 있어?

B　나 지금 지하철역 2번 출구에 있어.

A　거기에서 기다려. 내가 데리러 갈게.

B　마중 나와서 고마워.

대화 Tip

본문에 나온 '待ってて'(기다리고 있어줘)에서 'てて'는 원래 'ていて'이다. 즉, 'い'가 생략된 것이다. 회화체에서는 주로 이런 상황에서는 'い'를 생략해서 말한다. 'てて' 이런 표현을 접했을 때는 대개 사이에 'い'가 생략됐다고 봐야 한다.

단어

もしもし[모시모시] 여보세요　　出口[데구찌] 출구　　地下鉄[치카테쯔] 지하철　　向かえる
[무까에루] 마중하다

A みさき、今空港なんだけど、
미 사 끼, 이마 쿠우꼬우난　다 케 도,

車で迎えに来てくれる？
구루마데무까에 니 키 떼 쿠 레 루?

B 迎えには行けるけど、
무카에 니 와 이 께 루 께 도,

二時間くらい待たないといけないけどいい？
니 지 깡 구 라 이 마 따 나 이 또 이 께 나 이 께 도 이 이?

A うん、いいよ。
응,　이 이 요.

B 分かった。じゃあ、後でね!
와 깟 따.　쟈 아,　아또 데 네.

A 미사키, 지금 공항에 있는데 차 가지고 마중 나올 수 있어?
B 마중은 나갈 수 있는데, 두 시간 정도 기다려야 되는데 괜찮아?
A 응, 괜찮아.
B 알겠어. 좀 이따가 보자!

🔊 대화 Tip

본문에서는 '~ないといけない'(~하지 않으면 안 된다)를 썼지만, 이 표현은 다양하게 쓸 수 있다. '~なければならない', '~なくてはならない', '~なくてはいけない', '~なければいけない' 모두 '~하지 않으면 안 된다'로 쓰인다.

📖 단어

今[이마] 지금, 이제, 현재　空港[쿠우꼬오] 공항　車[구루마] 차　くらい[구라이] 정도, 만큼
後で[아또데] 나중에, 잠시 후에

배웅해 주는 것에 대해 감사할 때

배웅해주셔서 감사합니다.

お見送りいただきありがとうございます。

오 미 오꾸리 이 따 다 끼 아리가 또— 고 자 이마스.

관련 표현

공항까지 배웅해주셔서 감사합니다.

空港までお見送りいただき

쿠우꼬우마 데 오 미 오꾸리 이 따 다 끼

ありがとうございます。

아 리 가 또— 고 자 이 마 스.

역까지 배웅해주셔서 감사합니다.

駅までお見送りいただき

에끼마 데 오 미 오꾸리 이 따 다 끼

ありがとうございます。

아 리 가 또—고 자 이 마 스.

Tip

관련 표현에도 나온 'いただき'의 어원은 'いただく'(〜(해) 받다)이다. '(남이 나에게) 해주다'의 뜻인 'もらう'의 공손한 표현이다. 'いただき'라고 나왔을 때는 보통 '〜해 주셔서'라고 해석하는 것이 무난하다.

A そろそろ帰(かえ)らなきゃ。
소 로 소 로 카에라 나 꺄.

B じゃあ、わたしが駅(えき)までお見送(みおく)りします。
쟈 아, 와 따 시 가 에끼마 데 오 미 오꾸리 시 마 스.

A お見送(みおく)りいただきありがとうございます。
오 미오꾸리이 따 다 끼 아 리 가 또— 고 자 이 마 스.

B また遊(あそ)びに来(き)てください。
마 따 아소비 니 키 떼 구 다 사 이.

A 슬슬 가야겠어요.
B 그러면 제가 전철역까지 배웅할게요.
A 배웅해 주셔서 감사합니다.
B 또 놀러 와주세요.

🔊 대화 Tip

본문에 나온 것처럼 회화에서 '〜なきゃ'가 사용되는 경우가 많다. 이것은 '〜なければいけない'(〜하지 않으면 안 된다)가 축약된 표현이다. 즉, '〜なきゃ'만 써도 '〜하지 않으면 안 된다' 및 '〜해야 한다'의 의미로 해석 된다.

일본에서는 '시간이 늦었네요'라고 표현하고 싶을 때는 주로 'もうこんな時間(じかん)になりましたね'(직역: 벌써 이런 시간이 되었네요)라는 표현을 쓴다.

📖 단어

そろそろ[소로소로] 슬슬　帰(かえ)る[카에루] (집에) 돌아가다　駅(えき)[에끼] 역, 정거장

A もう時間も遅いので、そろそろ帰ります。
모 우 지 깡 모 오 소 이 노 데, 소 로 소 로 카에리마 스.

B じゃあ、わたしがお見送りします。
쟈 아, 와 따 시 가 오 미 오꾸리시 마 스.

A 大丈夫です。お気遣いありがとうございます。
다이죠우 부 데 스. 오 키 즈까 이 아 리 가 또- 고 자 이 마 스.

B お気をつけて。
오 키 오 츠 께 떼.

A 늦었으니, 이제 슬슬 가봐야겠습니다.

B 그럼 제가 배웅해드릴게요.

A 괜찮습니다. 신경 써 주셔서 감사합니다.

B 조심히 들어가세요.

🔊 대화 Tip

'お気をつけて'는 직역하면 '조심하세요' 정도로 해석할 수 있다. 그러나 '조심히 들어가세요'로도 쓸 수 있다.

📖 단어

遅い[오소이] (시간이) 늦다　気遣い[키즈까이] 배려, 걱정　気をつける[키오츠케루] 조심하다

70

16 선물을 준 것에 대해 감사 표시할 때

선물 감사드립니다.

プレゼントありがとうございます。
프 레 젠   또 아 리 가 또 - 고 자 이 마 스.

관련 표현

여러모로 감사합니다!

色々とありがとうございます。
_{いろ いろ}
이로 이로 또 아 리 가 또 - 고 자 이 마 스.

응원에 대해 감사드립니다.

応援に感謝いたします。
오우 엥 니 칸 샤 이 따 시 마 스.

Tip

'감사합니다'라는 표현과 '감사드립니다'라는 표현은 공손함의 정도 차이에서 엄연히 다르다. 일반적으로 그냥 '감사합니다'라고 표현하고 싶을 때는 'ありがとうございます'라고 하고 '감사드립니다'라고 하고 싶을 때는 '感謝いたします'를 주로 쓴다.

A わたしの誕生日パーティーに来てくださって
와 따 시 노 탄 죠우비 파 – 티 – 니 키 떼 쿠다 삿 떼

ありがとうございます。
아 리 가 또– 고 자 이 마 스.

B これはわたしからのプレゼントです。
고 레 와 와 따 시 까 라 노 프 레 젠 또 데 스.

A 素敵なプレゼントありがとうございます。
스 떼 끼 나 프 레 젠 또 아 리 가 또– 고 자 이 마 스.

B とんでもないです。
돈 데 모 나 이 데 스.

お誕生日おめでとうございます！
오 탄 죠우비 오 메 데 또오 고 자 이 마 스!

A 저의 생일 파티에 와 주셔서 감사합니다.
B 이건 제가 드리는 선물입니다.
A 근사한 선물 감사합니다.
B 감사하긴요. 생일 축하 드려요!

대화 Tip

누군가에게 선물을 줄 때 '제가 드리는'이라는 표현을 쓰고 싶으면 보통 '~からの'(~부터의) 라는 표현을 쓴다. 본문에 나온 표현을 그대로 직역을 하면 '저로부터의'라는 뜻이 되지만, 일본어에서는 자연스럽게 '제가 드리는'이라는 표현이 된다.

단어

誕生日[탄죠우비] 생일 パーティー[파-티-] 파티 プレゼント[프레젠또] 선물
素敵だ[스떼끼다] 근사하다

Ⓐ わたしの誕生日（たんじょうび）パーティーに来（き）てくださって
와 따시 노 탄 죠우비 파 - 티 - 니 키 떼구다 삿 떼

ありがとうございます。
아 리가 또 - 고 자 이 마 스.

Ⓑ これは気持（きも）ちばかりのものですが、どうぞ。
고 레 와 키 모 찌 바 까 리 노 모 노 데 스 가,　도 우 조.

Ⓐ わ！本当（ほんとう）にきれいです。嬉（うれ）しいです！
와!　혼 또오니 키 레 에 데 스.　우레 시 이 데 스!

Ⓑ 誕生日（たんじょうび）おめでとうございます！
탄 죠우비 오 메 데 또 오 고 자 이 마 스!

Ⓐ 저의 생일 파티에 참석해주셔서 감사합니다.
Ⓑ 이것은 저의 성의이니 받아주세요.
Ⓐ 와! 정말 예뻐요. 기뻐요!
Ⓑ 생일 축하해요!

🔊 대화 Tip

'気持（きも）ちばかり'는 마음 및 기분을 뜻하는 '気持（きも）ち'와 '~만'을 뜻하는 'ばかり'가 합쳐진 표현이다. 직역을 하면 '마음만'이라는 뜻인데 주로 선물을 줄 때 '気持ちばかりのもの（きも）'라고 하면 말 그대로 마음만 담긴, 즉, 대단한 물건은 아니지만 성의는 담겨 있다는 뜻으로 쓸 수 있다.

📖 단어

気持（きも）ち[키모찌] 마음, 기분　　どうぞ[도우조] 상대방에게 무엇을 권하거나 줄 때 흔히 쓰는 표현

きれいだ[키레에다] 예쁘다, 깨끗하다

17 누군가가 칭찬할 때 겸손하게 말할 때

과찬이십니다.

とんでもないです。

돈　데 모 나 이 데 스.

그 정도는 아니에요.

それほどでもないです。

소 레 호 도 데 모 나 이 데 스.

칭찬해 주셔서 고마워요.

お誉めいただいて ありがとう。

오 호 메 이 따 다 이 떼 아 리 가 또-.

 PLUS　고마워요.

ありがとう。

아 리 가 또-.

Tip

'とんでもないです'의 사전적 의미는 '당치도 않다, 천만에(요)' 등이 있지만, 윗사람이 자기에게 칭찬을 했을 때 '과찬이다'라는 뉘앙스로 많이 쓰인다.

A 日本語はどれくらい勉強されたんですか。
니 홍 고 와 도 레 꾸라 이 벵 꾜오사 레 딴   데 스 까?

B わたしは1年くらい勉強しました。
와 따 시 와 이찌넹꾸 라 이 벵 꾜오시 마 시 따.

A 発音がとてもいいです！
하쯔옹 가 도 떼 모 이 이 데 스!

B とんでもないです。
돈   데 모 나 이 데 스.

A 일본어는 얼마나 배우셨어요?
B 저는 1년 정도 배웠습니다.
A 발음이 정말 좋으세요!
B 과찬이십니다.

🔊 대화 Tip

'される'는 '하시다'라는 뜻으로 'する'(하다)의 경어 표현이다. 예를 들어 자기보다 지위가 높은 사람에게 무언가를 '했습니까?'의 격인 'しましたか'보다는 'されましたか'를 쓰는 것이 더 공손한 표현이다.

💻 단어

日本語[니홍고] 일본어   どれくらい[도레꾸라이] 어느 정도   勉強[벵꾜우] 공부   される
[사레루] 하시다   発音[하쯔옹] 발음

A 日本語はどれくらい勉強されたんですか。
니 홍 고 와 도 레 꾸라이 벵 꾜오사레 딴　 데 스 까?

B わたしは約1年ほど勉強しました。
와 따 시 와 야꾸이찌넹 호 도 벵 꾜오시 마 시 따.

A 発音、アクセントも全て完璧です。
하쯔 옹,　아 크 센　또 모 스베 떼 캄 페끼 데 스.

B そうですか。それほどでもないですよ。
소 우 데 스 까?　소 레 호 도 데 모 나 이 데 스 요.

A 일본어 얼마나 배우셨어요?

B 저는 대략 1년 정도 배웠어요.

A 발음, 억양 다 완벽합니다.

B 그래요? 그 정도는 아니에요.

단어

約[야꾸] 약　~ほど[호도] ~정도　発音[하쯔옹] 발음　アクセント[아크센또] 억양
完璧だ[캄페끼다] 완벽하다

18 칭찬을 할 때

정말 대단합니다!

ほんとう
本当にすごいです！

혼 또우니 스 고 이 데 스!

관련 표현

정말 대단합니다!

ほん とう
本当にすごいですよ！
혼 또우 니 스 고 이 데 스 요!

요즘 잘하고 있어요!

さい きん　　がん ば
最近、頑張ってますね！
사 이 낑,　감 밧　떼 마 스 네!

＋PLUS 훌륭합니다.

み ごと
お見事です。
오 미 고또 데 스

Tip

がん ば
'頑張る'의 사전적 의미는 '힘내다'이다. 그렇기 때문에 관련 표현에 나온 것처
がん ば
럼 '頑張ってますね'라고 하면 직역상 '힘내고 있네요!'라고 해석되지만, 일본어
회화에서는 '잘 하고 있네요!' 정도로 해석된다.

A また一位になったんだって？ おめでとう！
마 따이찌 이 니 낫 딴 닷 떼?　오 메 데 또 오!

B 先生のおかげで一位になれました。
센 세에 노 오 카 게 데이찌 이 니 나 레 마 시 따.

A これからも一生懸命に努力して、
고 레 까 라 모 잇 쇼우 켄메에 니 도 료꾸시 떼

いい結果だしてね！
이 이 겟 까 다 시 떼 네!

B はい、そうします。
하 이,　소 우 시 마 스.

- -

A 또 1등이라며? 축하해!
B 선생님의 도움으로 1등을 할 수 있었습니다.
A 앞으로도 열심히 노력해서 좋은 결과 내렴!
B 네, 그렇게 하겠습니다.

🔊 대화 Tip

'これ'는 '이것'이고 'から'는 '~부터'이기 때문에 'これから'는 직역하면 '이것부터'가 되지
만, 일반적으로는 '지금부터, 앞으로'라고 해석한다.

📖 단어

~位[이] ~위(등)　一生懸命に[잇쇼우켄메에니] 열심히　努力する[도료꾸스루] 노력하다
結果[켓까] 결과

A 最近、頑張ってるね。
さいきん がんば
사이 낑, 감 밧 떼루네.

B 本当ですか。
ほんとう
혼 또우데 스 까?

A うちのチームの業績がいいのは、
ぎょうせき
우 찌노 치ー 무 노 교우세끼 가 이 이 노 와,

君のおかげだよ。
きみ
키미 노 오 카 게 다 요.

B これからもチームのために頑張ります。
がんば
코 레 까 라모 치ー 무 노 타 메 니 감 바 리 마 스.

· ·

A 요즘 잘하고 있어.

B 정말이에요?

A 우리 팀 업적이 이렇게 좋은 것은 너의 덕분이야.

B 앞으로도 팀을 위해서 열심히 하겠습니다.

단어

うち[우찌] 우리(집)　業績[교우세끼] 업적　～のおかげだ[노오카게다] ～의 덕분이다

～のために[노타메니] ～를 위해서

19 서비스에 대해 감사 표시할 때

훌륭한 서비스에 감사드립니다.

すてき
素敵なサービスありがとうございます。

스떼끼 나 사 ー 비 스 아 리 가 또 ー 고 자 이 마 스.

응원해 주셔서 감사합니다!

おう えん
応援してくださりありがとうございます。

오우 엥 시 떼 구 다 사 리 아 리 가 또 ー 고 자 이 마 스.

여러분의 이해에 감사드립니다!

みな さま　　　り かい　　かん しゃ
皆様のご理解に感謝いたします。

미나 사마 노 고 리 까이 니 칸 샤 이 따 시 마 스.

Tip

'〜해 주셔서'라는 표현인 '〜てくださり'의 기본형은 '〜てくださる'(〜해 주시다) 이다. 참고로 'て'를 빼서 'くださる'만 쓰면 무언가를 '주시다'는 의미로 쓰일 수 있다. 아래는 예시문이다.

ex 선생님은 나에게 펜을 주셨다.
せん せい　　わたし
先生は私にペンをくださった。
센 세에와 와따시니펭　　오 구 다 삿　　따.

A チェックアウトをしたいです。
첵 크아우또오시따이데스.

B かしこまりました。何かご不便な点は
가 시꼬마리마시따. 나니까 고후벤나 텡 와

ございませんでしたでしょうか。
고자이마셍 데시따데쇼 우 까?

A いいえ、とても素敵なサービス
이이에, 도 떼 모스떼끼나 사 ー 비스

ありがとうございます。
아 리가 또 ー 고 자 이 마스.

B またのご利用をお待ちしております。
마 따 노 고 리 요우오 오 마 찌 시 떼 오 리 마스.

A 체크아웃을 하고 싶습니다.
B 네, 무언가 불편한 점은 없으셨나요?
A 아니요, 정말 훌륭한 서비스 감사드립니다.
B 다음에 또 오시는 것을 기다리고 있겠습니다.

🔊 대화 Tip

본문의 'ございませんでしたでしょうか'(없으셨습니까?)의 기본형은 'ござる'인데, 이는 'ある'(있다)의 높임말이다. 즉, 접객 등 상황상 낮은 사람이 높은 사람을 대할 때 쓰이는 표현이다. 'ござる'의 ます형은 'ございます'인 점에 유의해야 한다.

📖 단어

チェックアウト[첵크아우또] 체크아웃　素敵だ[스떼끼다] 근사하다, 훌륭하다　サービス
[사ー비스] 서비스

A チェックアウトの手続^{てつづ}きがしたいです。
쳇 크 아 우 또 노 테 쯔즈끼 가 시 따 이 데 스.

B かしこまりました。当^{とう}ホテルのサービスには
가 시 코 마 리 마 시 따. 토우 호 테 루 노 사 ― 비 스 니 와

ご満足^{まんぞく}いただけましたか。
고 만 조꾸 이 따 다 께 마 시 따 까?

A 施設^{しせつ}も完璧^{かんぺき}で、サービスもとても良^よかったです。
시 세쯔 모 캄 뻬끼 데, 사 ― 비 스 모 도 떼 모 요 깟 따 데 스.

B ありがとうございます。
아 리 가 또 ― 고 자 이 마 스.

- -

A 저는 체크아웃 수속을 하고 싶습니다.
B 네, 저희 호텔의 서비스에 만족하시나요?
A 시설도 완벽하고, 서비스도 정말 좋았어요.
B 감사합니다.

대화 Tip

보통 자신이 속한 회사나 기관을 지칭할 때, 앞에 当^{とう}를 붙이는 경우가 많다. 예를 들어 회사의 경우는 当社^{とうしゃ}, 도서관의 경우 当館^{とうかん}이라고 하기도 한다.

단어

手続^{てつづ}き[테쯔즈끼] 수속   満足^{まんぞく}[만조꾸] 만족   施設^{しせつ}[시세쯔] 시설   完璧^{かんぺき}だ[캄뻬끼다] 완벽하다

20 축하해 줄 때

축하해요. 시간이 되면 제가 식사 대접할게요.

おめでとうございます。時間があったら、
오 메 데 또 오 고 자 이 마 스. 지 깡 가 앗 따 라,

わたしがごちそうします。
와 따 시 가 고 찌 소 오 시 마 스.

축하합니다. 승진했다고 들었어요.

おめでとうございます、
오 메 데 또 오 고 자 이 마 스,

昇進されたと聞きました。
쇼오 싱 사 레 따 또 키 끼 마 시 따.

축하해요. 결혼한다고 들었어요.

おめでとうございます、
오 메 데 또 오 고 자 이 마 스,

結婚されると聞きました。
겟 꼰 사 레 루 또 키 끼 마 시 따.

Tip

우리나라에서는 기혼 상태를 '결혼을 했다'라고 표현하지만, 일본어에서는 '結婚
している'(결혼을 하고 있다)라고 표현한다.

A わたし来月結婚します。
〔らいげつけっこん〕
와 따 시 라이게쯔 겟 꼰 시 마 스.

B おめでとうございます。
오 메 데 또 오 고 자 이 마 스.

時間があったら、わたしがごちそうします。
〔じかん〕
지 깡 가 앗 따 라, 와 따 시 가 고 찌 소 오 시 마 스.

A 結婚式に参加していただくだけでも
〔けっこんしき さんか〕
겟 꼰 시 끼 니 상 까 시 떼 이 따 다 꾸 다 께 데 모

ありがたいです。
아 리 가 따 이 데 스.

B 付き合いの長い友人だから、当然参加します。
〔つあ なが ゆうじん とうぜんさんか〕
츠 끼 아 이 노 나가이 유우징 다 까 라, 토우젱 상 까 시 마 스.

A 저 다음 달에 결혼해요.

B 축하해요. 시간이 되면 제가 식사 대접할게요.

A 결혼식에 참석해 주시는 것만으로도 감사합니다.

B 오랜 친구인데 당연히 참석해야지요.

🔊 대화 Tip

'付き合う'(사귀다)라는 표현은 이성친구를 사귈 때도 흔히 사용될 수 있는 표현이고 '付き合いの長い'(알고 지낸 지 오래된)라고 표현함으로써 교우 관계에서도 쓸 수 있다.

📖 단어

来月[라이게쯔] 내월, 다음 달   **結婚**[겟꼰] 결혼   **結婚式**[겟꼰시끼] 결혼식   **参加する**
[상까스루] 참가하다   **付き合う**[츠끼아우] 사귀다

A おめでとうございます！ 時間（じかん）があったら、
오 메 데 또 오 고 자 이 마 스!　지 깡 가 앗　따 라,

わたしがごちそうします。
와 따 시 가 고 찌 소 오 시 마 스.

B いや、わたしがごちそうするのが
이 야,　와 따 시 가 고 찌 소 오 스 루 노 가

当（あ）たり前（まえ）ですよ。
아 따 리 마에 데 스 요.

A お子（こ）さんもいて、お父（とう）さんになりましたから、
오 꼬 상　모 이 떼,　오 또오상　니 나 리 마 시 따 까 라,

荷（に）が重（おも）いですよね。
니 가 오모 이 데 스 요 네.

B そうですね！
소 우 데 스 네!

- -

A 축하해요! 시간이 되면 제가 식사 대접할게요.
B 아니, 당연히 제가 사야 맞는 거죠.
A 아이도 있고, 아빠가 되었으니 어깨에 책임이 더 무겁겠네요.
B 그러게요!

🔊 대화 Tip

‘어깨가 무겁다’라는 표현을 일본어로 직역하면 ‘肩（かた）が重（おも）い’가 되는데 이는 말 그대로 신체적으로 어깨가 아파서 무겁다는 뜻이 되므로, 흔히 말하는 스트레스로 인해 어깨가 무겁다는 표현은 ‘荷が重い’를 써야 한다.

📱 단어

ごちそうする[고찌소오스루] 내집하다, 한턱내다, 사 주다　　当（あ）たり前（まえ）だ[아따리마에다] 당연하다

3

관계

사람은 누구나 사람들과 관계를 맺으면서 살아갑
니다. 사람들과 관계를 맺을 때 필요한 표현들을
정리했습니다.

21 하는 일이 어떤지 물을 때

하시는 일은 잘 되시나요?

仕事の方はいかがですか。

시 고또 노 호오 와 이 까 가 데 스 까?

이번 여행 어땠어요?

今回の旅行はどうでしたか。

콩 까이 노 료 꼬오 와 도 우 데 시 따 까?

결혼 준비 잘 되고 있나요? 순조롭나요?

ご結婚の準備はうまくいっていますか。

고 겟 꼰 노 준 비 와 우 마 꾸 잇 떼 이 마 스 까?

順調ですか。

준 쬬우 데 스 까?

Tip

'うまくいく'에서 사용된 'うまい'에는 두 가지 뜻이 있다. '잘하다, 맛있다'인데, 여기에서는 'いく'와 합쳐서 '잘 되다'라는 뜻이 된다. 일이나 상황의 진척이 잘 될 때 주로 진행형으로 써서 'うまくいっている'라고 쓴다.

A 最近、仕事の方はどうですか。
사이 낑,　시 고또 노 호오와 도 우 데 스 까?

B よく分かりません。
요 꾸 와 까 리 마 셍.

A 今の仕事に自信がないんですか。
이마 노 시 고또니 지 싱 가 나 인　데 스 까?

B わたしがその分野の仕事があまり
와 따 시 가 소 노 붕 야 노 시 고또가 아 마 리

好きじゃないからです。
스 끼 쟈　나 이 까 라 데 스.

- -

A 요즘 하시는 일은 어때요?
B 그냥 그렇지요.
A 왜 그렇게 자신이 없어요?
B 제가 그 분야의 일을 좋아하지 않아서요.

🔊 대화 Tip

'~을 좋아하다'를 뜻하는 '~が好きだ'에서 우리는 흔히 조사 'を'(을/를)를 사용해야 한다고
생각하지만 '好きだ'는 조사로 'が'(이/가)를 써야 한다.

📖 단어

最近[사이낑] 최근　方[호우] 어떤 일을 막연하게 지칭할 때 쓰는 말　よく [요꾸] 자주, 잘
自信[지싱] 자신　分野[붕야] 분야　あまり[아마리] 그다지

A 仕事の方は順調ですよね？
시 고또 노 호오 와 준 쪼우데 스 요 네?

B いまいちですね。
이 마 이 찌 데 스 네.

A どうしてですか。
도 우 시 떼 데 스 까?

B わたしがこの分野の仕事に向いていないと
와 따 시 가 코 노 붕 야 노 시고또 니 무 이 떼 이 나 이 또

思　います。
오모 이 마 스.

- -

A 하시는 일은 순조롭죠?
B 별로예요.
A 왜요?
B 제가 이 분야의 일에 대해 맞지 않는 것 같아요.

대화 Tip

'向く'는 '향하다'는 뜻이다. 그러나 본문에 쓰여진 것처럼 진행형인 '向いている'는 말 그대로 '향하고 있다'는 뜻과 '~에 맞다(적합하다)'는 뜻으로도 쓰인다. 아래는 예시문이다.

　　　이 책은 어린이에게 맞다(적합하다).
예) この本は子供に向いている。
　　　코 노 홍 와 코도모니 무 이 떼 이 루.

단어

いまいちだ[이마이찌다] 별로다　どうして[도우시떼] 어째서, 왜

22 하는 일이 무엇인지 물어볼 때

어떤 회사에서 일하시나요?

かいしゃ　　つと
どんな会社に勤めていますか。

돈　나 카이샤 니 쯔또메 떼 이 마 스 까?

어디에서 일하시나요?

はたら
どこで働いていますか。

도 꼬 데하따라이 떼 이 마 스 까?

무슨 회사에서 일하시나요?

かい しゃ　　はたら
どの会社で働いていますか。

도 노 카이 샤 데하따라이 떼 이 마 스 까?

Part 3 관계

Tip

はたら　　　つと
'働く'와 '勤める'의 사전적 의미는 각각 '일하다'와 '근무하다'이다. 의미상으로는 큰 차이가 없다. 뉘앙스적으로는 전자는 몸을 쓰며 일하는 듯하고, 후자는 사무적인 일을 하는 듯하다. 실제 사용할 때는 큰 구분 없이 사용된다. 그러나 각각 조사는 각별하게 유익해서 사용해야 된다. 전자는 조사 'で'를 써야 하고, 후자는 'に'를 써야 한다.

A どの会社で働いていますか。

도 노 카이 샤 데 하따라이 떼 이 마 스 까?

B わたしは小学校の先生です。

와 따 시 와 쇼우 갓 꼬우 노 센 세에 데 스.

A 学校でどのくらい働きましたか。

갓 꼬우 데 도 노 꾸 라 이 하따라끼 마 시 따 까?

B 数えてみたら、約二十年くらいですね。

카조에 떼 미 따 라, 야꾸 니 쥬우 넨 꾸 라 이 데 스 네.

- -

A 무슨 회사에서 일하시나요?

B 저는 초등학교 선생님입니다.

A 학교에서 얼마나 일하셨나요?

B 계산해보면 약 20년 정도요.

🔊 대화 Tip

보통 '무슨'을 뜻하는 용어는 '何の'를 쓴다. 그러나 존댓말을 써야 하는 상황에서는 높임말 'どの'를 쓴다. 'どの'는 참고로 '어느(쪽)'이라는 뜻으로도 쓰이니 유의해서 사용해야 한다.

📖 단어

どの[도노] '무슨'의 높임말, 어느(쪽)   会社[카이샤] 회사   働く[하따라쿠] 일하다   小学校[쇼우갓꼬우] 초등학교   数える[카조에루] (수를) 세다   ~年[넨] ~년

A どの会社で働いていますか。
도 노 카이 샤 데 하따라이 떼 이 마 스 까?

B わたしは政府機関で働いています。
와 따 시 와 세이 후 키 깡 데 하따라이 떼 이 마 스.

A じゃあ、公務員ですか。
쟈 아, 코우 무 잉 데 스 까?

B はい、そうです。
하 이, 소 우 데 스.

A 무슨 회사에서 일하시나요?
B 저는 정부 기관에서 일합니다.
A 그럼 공무원인가요?
B 네, 맞습니다.

🔊 대화 Tip

'働く'(일하다)를 사용할 때 조심해야 될 점은, 한국어에서는 흔히 '~에서 일합니다'라고 표현할 수 있지만, 일본어에서는 현재 일하고 있다고 표현할 때는 무조건 동사의 현재진행형을 사용하는 현재형을 써야 한다. '~で働いています'

📖 단어

政府機関[세이후키깡] 정부 기관   公務員[코우무잉] 공무원

고향이 어디신가요?

ご出身はどちらですか。

고 슛싱 와도 찌라 데스 까?

고향이 어디인가요?

出身はどこですか。

숏 싱 와 도 꼬 데 스 까?

고향에서 생활하신 지 얼마나 되셨나요?

実家で暮らしてどのくらいですか。

짓 까 데 쿠 라 시 떼 도 노 꾸 라 이 데 스 까?

PLUS 고국(고향)은 어딥니까?

お国はどちらですか。

오 쿠니와 도 찌 라 데 스 까?

보통 출신지를 물을 때는 '出身はどこですか。'라는 표현을 쓴다. 그러나 '実家'가 어디인지 물을 때도 있는데, '実家'는 '본가'를 뜻한다. 즉, 본가를 물으면 보통 고향이 어딘지 묻는 질문이 된다.

A 実家はどこですか。
じっか

짓 까 와 도 꼬 데 스 까?

B わたしの実家は済州島です。
じっか　　チェジュトウ

와 따 시 노 짓 까 와 체 주 토우 데 스.

A そこにどのくらい住みましたか。
す

소 꼬 니 도 노 꾸 라 이 스 미 마 시 따 까?

B 高校を卒業するまで住んでいました。
こうこう　　そつぎょう　　　　す

코오꼬오 오 소쯔교우스 루 마 데 슨　데 이 마 시 따.

A 고향이 어디인가요?

B 저의 고향은 제주도입니다.

A 거기에서 얼마나 살았어요?

B 고등학교 졸업할 때까지요.

🔊 대화 Tip

'住む'는 '살다'를 뜻하는데 한국인들이 조사를 잘 헷갈린다. 우리는 흔히 '~에서 산다'고 표현하기 때문에 조사 'で'를 쓰기 쉬운데 조사는 'に'를 써야 한다. 이 점 반드시 유의하자.

📖 단어

実家[짓까] 본사　済州島[체주토우] 제주도　どのくらい[도노꾸라이] 어느 정도　~に住む
じっか　　　　チェジュトウ　　　　　　　　　　　　　　　　　　　　す

[니스무] ~에 살다　高校[코오꼬오] 고등학교
こうこう

A 出身はどちらですか。
숫 싱 와 도 찌 라 데 스 까?

B ソウルです。
소 우 루 데 스.

A そこでどのくらい暮らしましたか。
소 꼬 데 도 노 꾸라 이 쿠 라 시 마 시 따 까?

B 今までずっと暮らしています。
이마 마 데 줏 또 쿠 라 시 떼 이 마 스.

A 고향이 어디인가요?
B 서울이요.
A 그곳에서 얼마나 생활하셨어요?
B 줄곧 지금까지 살았어요.

대화 Tip

'暮らす'와 '住む'라는 얼핏 뜻이 비슷해서 구별하기 힘들 수 있다. 실제로는 뜻이 비슷하긴 하나 약간의 차이가 있다. 전자는 '지내다, 생활하다'의 뉘앙스가 강하다. 후자는 말그대로 '살다'라는 뉘앙스가 강하다. 그리고 전자는 조사 'で'를 써야 한다.

단어

出身[숫싱] 출신 暮らす[쿠라스] 지내다 ずっと[줏또] 줄곧

번거롭겠지만, 절 도와줄 수 있나요?

ご面倒ですが、手伝ってもらえませんか。

고 멘 도우데 스 가,　테 츠닷　떼모 라 에 마 셍　까?

번거롭겠지만 이 짐을 올려줄 수 있나요?

ご面倒ですが、この荷物上げて

고 멘 도우 데 스 가,　고 노 니 모쯔 아 게 떼

もらえますか。

모 라 에 마 스 까?

번거롭겠지만 도와주셔서 감사합니다.

お手数ですが、お手伝いくださって

오 테 스우 데 스 가,　오 떼 츠다 이 구 다 삿　떼

ありがとうございます。

아 리 가 또 - 고 자 이 마 스.

Tip

간단한 대화 상황에서는 '번거롭겠지만'을 'ご面倒ですが'로 쓸 수 있지만 비즈 니스상, 특히 메일에서는 'お手数ですが'를 주로 사용해야 한다.

A ご面倒ですが、
고 멘 도우데 스 가,

ちょっと手伝ってもらえませんか。
숏　또테 츠닷　떼모라에마 셍　　까?

B はい、かまいませんよ。
하 이,　카 마 이 마 셍　　요.

A この荷物を上に上げたいです。
코 노 니모쯔오 우에 니 아 게 따 이 데 스.

B 問題ないです。
몬 다이나 이 데 스.

- - -

A 번거롭겠지만 좀 도와줄 수 있나요?
B 네, 상관없어요.
A 이 짐을 위로 올리고 싶습니다.
B 문제 없습니다.

🔊 대화 Tip

'上げる'는 사전적 의미가 상당히 많기 때문에 헷갈리기 쉬운 표현이다. 주로 쓰이는 것은 본문에 나온 '올리다'와 무언가를 '주다'이다. 이 두 표현은 자주 쓰이는 표현이니 꼭 외워두자.

📖 단어

荷物[니모쯔] 짐　上[우에] 위　上げる[아게루] 올리다　問題[몬다이] 문제

A 失礼ですが、
시쯔레에 데 스 가,

一つお伺いしてもよろしいでしょうか。
히또쯔 오 우카가이시 떼 모 요로시 이 데 쇼 우 까?

B はい、どうぞ。
하 이, 도 오 조.

A 空港バスはどこで乗るのかご存知ですか。
쿠우꼬오 바 스 와 도 꼬 데 노루 노 까 고 존 지 데 스 까?

B 手前のスーパーの前で停車します。
테 마에노 스 — 파 — 노 마에 데 테이샤 시 마 스.

- -

A 실례합니다만, 한 가지 여쭤봐도 될까요?
B 네, 말씀하세요.
A 공항버스를 어디에서 타는지 아시나요?
B 바로 앞의 슈퍼 앞에서 정차합니다.

🔊 대화 Tip

'どうぞ'는 일본어 회화에서 상당히 많이 쓰이는 표현이지만, 이해하기에 다소 어렵기도 한 표현이다. 한국어로 직역하기 힘든 표현이다. 상황에 따라 요긴하게 쓸 수 있는 표현인데, 남에게 무엇을 권하거나 허락할 때 주로 쓰인다. 본문에 나온 '말씀하세요'라고 하는 것처럼 부탁하는 행위를 허락할 때 쓸 수 있다. 'ご存知だ'의 뜻은 '알고 계시다'이다. 상대가 높은 사람일 때 쓰는 경어 표현이다.

📖 단어

空港[쿠우꼬오] 공항   バス[바스] 버스   乗る[노루] 타다   手前[테마에] 앞   スーパー
[스-파-] 슈퍼   停車する[테이샤스루] 정차하다

25 초대할 때

저희 집으로 꼭 초대하고 싶습니다.

わたしの家にぜひご招待したいです。

와 따 시 노 이에니 제 히 고 쇼우따이 시 따 이 데 스.

저희 집에 식사 초대하고 싶습니다.

わたしの家へお食事のご招待を

와 따 시 노 이에에 오 쇼꾸지 노 고 쇼우 따이오

したいです。

시 따 이 데 스.

저의 일본어 과외 선생님을 해주셨으면 합니다.

わたしの日本語の家庭教師に

와 따 시 노 니 혼 고 노 카 떼이쿄우 시 니

なってもらいたいです。

낫 떼 모 라 이 따 이 데 스.

Tip

'ぜひ'의 사전적 의미는 '꼭'이지만, 비슷한 어휘인 **必ず**(꼭, 반드시), 'きっと'(꼭, 반드시)와는 쓰임이 다르다. 'ぜひ'는 타인에게 권유하거나 간청할 때 주로 쓴다. 본문에 나온 것처럼 누군가를 초대할 때도 많이 쓰인다.

A 今度の土曜日にうちにぜひご招待したいです。
콘 도 노 도 요오비 니 우찌 니 제 히 고 쇼우따이시 따 이 데 스.

B いいですね。お家はどこにありますか。
이 이 데 스 네. 오 이에와 도 꼬 니 아 리 마 스 까?

A 大韓銀行の後ろの方にあります。
다이 깡 긴 꼬우 노 우시로 노 호우니 아 리 마 스.

B 何時まで行けばいいですか。
난 지 마 데 이 께 바 이 이 데 스 까?

- -

A 이번 토요일에 저희 집에 놀러 오시라고 초대하고 싶습니다.

B 좋아요. 집이 어디에 있죠?

A 대한은행 뒷쪽에 있어요.

B 몇 시까지 가면 좋을까요?

🔊 대화 Tip

'今度'의 사전적 의미는 '이번, 다음'이다. 두 의미가 있기 때문에 해석할 때 유의해야 한다. '今度会いましょう'(다음에 만납시다)처럼 다음에 만나자는 뉘앙스로 자주 쓰이지만, 여기서 '다음'은 가까운 미래를 뜻한다. 기약이 없는 '다음'이 아니다. 반면에, 본문에 나온 '이번 토요일'처럼 구체적으로 코앞에 있는 일정을 지정하여 쓸 수도 있다.

📖 단어

今度[콘도] 이번, 금번　　招待[쇼우따이] 초대, 초청　　どこ[도꼬] 어디　　銀行[긴꼬우] 은행

後ろ[우시로] 뒤

Part 3 관계

A 今週の土曜日、
콘 슈우노 도요오 비,

わたしの家へご招待したいです。
와 따시 노 이에에 고쇼우따이시 따 이 데 스.

B それはいいですね。
소 레 와 이이 데 스 네.

B お引っ越しされたお家はどこにありますか。
오 힛 꼬시 사레 따 오 이에와 도 꼬니 아리마 스 까?

A 会社から歩いて十分くらいで着きます。
카이 샤 까 라 아루이 떼 쥿 뿡 구라 이 데 츠 끼 마 스.

A 이번 주 토요일에 저희 집에 놀러 오시라고 초대하고 싶습니다.
B 좋아요.
B 이사한 집은 어디에 있죠?
A 회사로부터 걸어서 10분이면 도착해요.

PLUS 우리 집에 오지 않겠어요?

わたしの家に来ませんか。
와 따 시 노이에 니 끼 마 센 까?

📖 **단어**

土曜日[도요오비] 토요일　引っ越しする[힛꼬시스루] 이사하다　~から[까라] ~(로)부터

着く[츠쿠] 도착하다

26 사귀자고 할 때

저랑 사귀어 주세요.

わたしと付き合ってください。

와 따 시 또 츠 끼 앗 떼 구 다 사 이.

친구해요.

友達になりましょう。

토모 다찌 니 나 리 마 쇼 우.

오늘부터 우리 정식으로 사귀어요. 어때요?

今日からわたしたち正式に

쿄우 까 라 와 따 시 따 찌 세이 시끼 니

付き合いましょう。どうですか。

츠 끼 아 이 마 쇼 우. 도 우 데 스 까?

Tip

보통 일본에서 고백을 할 때에는 '사귀자'를 직역한 '付き合おう'를 사용하는 경우도 있지만, '사귀어 주세요'라는 표현을 직역한 '付き合ってください'를 사용하는 경우가 더 많다.

A 出身はどちらですか。
슛 싱 와 도 찌 라 데 스 까?

B わたしは釜山の人です。
와 따 시 와 푸 산 노 히또 데 스.

A あ！じゃあ、わたしと地元が同じなんですね。
아! 쟈 아, 와 따 시 또 지 모또가 오나 지 난 데 스 네.

B 本当に奇遇ですね。お友達になりましょうよ。
혼 또우 니 키 구우데 스 네. 오 도모 다찌니 나 리마 쇼 우 요.

A 고향이 어디에요?

B 저는 부산 사람입니다.

A 아! 그럼, 저랑 동향이네요.

B 정말 우연이네요. 우리 친구해요.

🔊 대화 Tip

단순히 '우연'을 뜻하는 단어는 '偶然'이다. 본문에 나온 '奇遇だ'는 사전적 의미로는 '기이한 만남'이라고 되어 있지만, 실제 회화에서는 첫 만남에서 여러 공통점 등이 있어 신기한 우연으로 만났다는 뉘앙스로 쓰인다.

📖 단어

出身[슛싱] 출신   どちら[도찌라] 어디(どこ보다 공손한 말씨)   人[히또] 사람   地元[지모또]
자기의 생활 근거지, 본가   同じだ[오나지다] 같다

A 出身(しゅっしん)はどちらですか。
숫 싱 와 도 찌 라 데 스 까?

B わたしは京都(きょうと)生(う)まれの人(ひと)なんですけれども、
와 따 시 와 쿄오또 우 마 레 노 히또난　데 스 케 레 도 모,

あなたはどちらですか。
아 나 따 와 도 찌 라 데 스 까?

A わたしは東京出身(とうきょうしゅっしん)です。
와 따 시 와 토오쿄오 숫 싱 데 스.

B じゃあ、今日(きょう)からお友達(ともだち)になりましょう。
쟈 아, 쿄우 까 라 오 도모다찌니 나 리 마 쇼 우.

A 어디 사람이에요?
B 저는 교토 출생인데, 당신은 어디입니까?
A 저는 도쿄 출신입니다,
B 그럼, 우리 오늘부터 친구해요.

🔊 대화 Tip

'~生まれ'는 '~출생'이라는 뜻인데, 앞에 연도를 붙이면 출생년월을 뜻하게 되고, 지역을 쓰면 어느 지역 출신이라는 뜻이 된다.

저는 94년생입니다.

예) わたしは 94 年(ねん)生(う)まれです。
와 따 시 와큐쥬욘 넨 우 마 레 데 스

📖 단어

京都(きょうと)[쿄오또] 교토　東京(とうきょう)[토오쿄오] 도쿄

Part 3 관계

105

27 프러포즈할 때

저랑 결혼해 주세요.

わたしと結婚<ruby>けっこん</ruby>してください。

와 따 시 또 겟 꼰 시 떼 구 다 사 이.

저와 결혼해주실래요?

わたしと結婚<ruby>けっこん</ruby>してくれませんか。

와 따 시 또 겟 꼰 시 떼 쿠 레 마 셍 까?

저의 여자 친구가 되어주세요.

僕<ruby>ぼく</ruby>の彼女<ruby>かのじょ</ruby>になってください。

보꾸 노 카노 죠 니 낫 떼 구 다 사 이.

PLUS 네, 좋아요.

はい、いいですよ。

하 이, 이 이 데 스 요.

 Tip

僕<ruby>ぼく</ruby>는 'わたし'처럼 '나'를 뜻하는 단어인데, 남성만 사용이 가능하다.

A 僕と結婚してください。
보꾸 또 겟 꼰 시 떼 구 다 사 이.

B わたしたちまだ付き合って長くないのに、
와 따 시 따 찌 마 다 츠 끼 앗　 떼 나가꾸나 이 노 니,

それが可能だと思いますか。
소 레 가 카 노우 다 또 오모 이 마 스 까?

A じゃあ、いつから結婚できると思いますか。
쟈　 아,　이 쯔 까 라 겟 꼰 데 끼 루 또 오모 이 마 스 까?

B 少なくとも一年は付き合ってみないと
스꾸 나 꾸 또 모 이찌 넹 와 츠 끼 앗　 떼 미 나 이 또

いけないと思います。
이 께 나 이 또 오모 이 마 스.

A 저랑 결혼해 주세요.
B 우리가 아직 사귄 지 오래되지 않은데 어떻게 그게 가능해요?
A 그럼, 언제 결혼하는 게 맞아요?
B 적어도 1년 정도는 지나봐야 하지 않을까요.

🔊 대화 Tip

'長い'는 의미상으로는 '(길이가) 길다'이다. 하지만 단순히 물리적인 길이를 지칭할 때만 쓰지는 않는다. 본문처럼 사귄 기간이 길지 않다고 표현할 때도 쓰인다.

📖 단어

まだ[마다] 아직　長い[나가이] 길다, 오래다　可能だ[카노우다] 가능하다　思う[오모우] 생각하다　少なくとも[스꾸나꾸또모] 적어도

A わたしと結婚(けっこん)しませんか。
와 따시 또 겟 꼰 시 마 셍   까?

B わたしは大輔(だいすけ)さんとあまり
와 따 시 와 다이스께 상   또 아 마 리

合(あ)わないと思(おも)います。
아 와 나 이 또 오모 이 마 스.

A どういうところが合(あ)わないんですか。
도 우이 우 도 꼬로 가 아 와 나 인   데 스 까?

B 価値観(かちかん)です。
카 치 깡 데 스.

- -

A 저랑 결혼하지 않을래요?
B 저는 다이스께 씨랑 그다지 잘 안 맞는 것 같아요.
A 어떤 점이 안 맞아요?
B 가치관이요.

대화 Tip

'どういう'는 'どんな'(어떤)의 격식 차린 말씨이다. 'ところ'는 뜻이 상당히 많기 때문에 주의해야 한다. 본문에 나온 것처럼 '점'으로 쓸 수도 있지만, 곳, 장소 등으로도 많이 쓰이니 주의하자.

여기는 제가 좋아하는 장소입니다.

예) ここはわたしが好(す)きなところです。
코 꼬 와 와 따 시 가 스 끼 나 도 꼬 로 데 스.

단어

あまり[아마리] 그다지　合(あ)う[아우] 수지가 맞다, (크기 등이) 맞다　価値観(かちかん)[카치깡] 가치관

우리 헤어져요. 당신과는 성격이 안 맞아요.

わたしたち、別れましょう。
와 따시 따찌 와까레 마 쇼 오.

あなたとは性格が合わないです。
아 나 따 또 와 세이까꾸 가 아 와 나 이 데 스.

관련 표현

우리, 헤어져요. 당신과는 여러모로 안 맞아요.

わたしたち、別れましょう。
와 따시따찌 와까레 마 쇼 우.

あなたとは色々と合わないです。
아 나 따 또 와 이로이로 또 아 와 나 이 데 스.

우리, 헤어져요. 성격이 저와 맞지 않아요.

わたしたち、別れましょう。
와 따시따찌 와까레 마 쇼 우.

性格がわたしとは合わないです。
세에 까꾸 가 와 따시 또 와 아 와 나 이 데 스.

Tip

이별을 통보할 때는 사귀어 달라고 할 때 '付き合ってください'(사귀어 주세요)
라고 하는 것과는 달리 '헤어져 주세요'라고는 하지 않는다.

A そろそろ結婚のことも考えなきゃ
소 로 소 로 겟 꼰 노 코 또 모 캉가에 나 꺄

いけないんじゃないのかな？
이 께 나 인 쟈 나 이 노 까 나?

B いや、わたしたち、別れましょう。
이 야, 와 따 시 따 찌, 와까레 마 쇼 우.

あなたとは色々と合わないです。
아 나 따 또 와 이로이로 또 아 와 나 이 데 스.

A 何が合わないんですか。
나니 가 아 와 나 인 데 스 까?

B 性格が合わないです。
세에까꾸 가 아 와 나 이 데 스.

- -

A 슬슬 결혼 생각도 해야 하지 않을까요?

B 아니요, 우리 헤어져요. 당신과는 여러모로 안 맞아요.

A 뭐가 안 맞아요?

B 성격이 안 맞아요.

📖 **단어**

そろそろ[소로소로] 슬슬　別れる[와까레루] 헤어지다　性格[세에까꾸] 성격

A わたしたち、別れましょう。
와 따 시 따 찌, 와까레 마 쇼 우.

B なぜですか。
나 제 데 스 까?

A わたしたちは価値観が違います。
와 따 시 따 찌 와 가 치 깡 가 치가이 마 스.

B わたしは別れたくないです。
와 따 시 와 와까레 따 꾸나 이 데 스.

A 우리, 헤어져요.
B 왜요?
A 우리는 가치관이 달라요.
B 저는 헤어지고 싶지 않아요,

🔊 대화 Tip

'わたしは別れたくないです'에서 '~たくない'는 'たい'(하고 싶다)의 부정형이다. 아래는 'たい' 긍정형 예문이다.

저는 지금 우유가 마시고 싶습니다.

예) わたしは今、牛乳が飲みたいです。
와 따 시 와이마, 규우뉴우가노 미 따 이 데 스.

'たい'형을 쓸 때 주의해야 할 점은 조사를 'が'를 써야 한다는 것이다.

📖 단어

なぜ[나제] 왜, 어째서　　違う[치가우] 다르다

29 약속을 변경할 때

죄송한데 갑자기 일이 생겨서 시간을 바꿔야 할 것 같아요.

すみませんが、急な用事ができて、

스 미 마 셍 가, 큐우 나 요오지 가 데 끼 떼,

時間を変えなきゃいけないと思います。

지 깡 오 카 에 나 꺄 이 케 나 이 또 오모이 마 스.

죄송합니다. 다음에 제가 식사 대접할게요.

申し訳ないです。

모우 시 와께나 이 데 스.

今度、わたしがごちそうします。

콘 도, 와 따시 가 고 찌 소 오시 마 스.

정말 미안해. 나중에 술이라도 살게.

本当にごめん。今度お酒でもおごるよ。

혼 또우 니 고 멘. 콘 도 오 사께데 모 오 고 루 요.

Tip

죄송하다고 할 때에는 보통 'すみません'을 쓰지만, 공손한 자리나 자기보다 위치가 높은 사람에게는 보통 '申し訳ありません'을 쓰는 경우가 많다. 메일에서나 직장 상사에게 쓰거나, 손님에게도 많이 사용된다.

A すみませんが、急な用事ができて、
스 미 마 셍　가,　큐우나 요오지 가 데 끼 떼,

時間を変えなきゃいけないと思います。
지 깡오 카에나 꺄　이 케 나 이 또 오모이 마 스.

B また今度会わなきゃいけないですね。
마 따 콘 도 아 와 나 꺄　이 께 나 이 데 스 네.

A 今度わたしがごちそうします。
콘 도 와 따 시 가 고 찌 소 오 시 마 스.

B お言葉に甘えて。
오 꼬또 바 니 아마에 떼.

A 죄송한데 갑자기 일이 생겨서 시간을 바꿔야 할 것 같아요.

B 다음에 만나야겠네요

A 다음에 제가 밥 살게요.

B 좋지요.

🔊 대화 Tip

'お言葉に甘えて'는 관용구인데, 남이 권유나 제안을 했을 때 그것을 마다하지 않겠다는 의미로 쓴다.

📖 단어

急だ[큐우다] 바쁘다　用事[요오지] 용무　言葉[고또바] 말, 이야기　甘える[아마에루] 호의나 친절을 스스럼없이 받아 들이다

A せっかく会ったのにもう行くの？
셋 까꾸 앗 따 노 니 모우 이 꾸노?

B ごめん。急な用事ができちゃって。
고 멘. 큐우 나 요우 지 가 데 끼 쨧 떼.

A 残念だね。
잔 넨 다 네.

B 用事さえなければ、私がお酒おごるのに。
요우 지 사 에 나 께 레 바, 와따시가 오 사께 오 고 루 노 니.

A 기껏 만났는데 벌써 가?
B 미안해. 갑자기 일이 생겨서.
A 아쉽네.
B 일만 없었으면 내가 술 샀을 텐데.

대화 Tip

'さえ'의 사전적 의미에는 '까지도, 조차' 이런 뜻이 있지만, 본문에서 사용된 용법은 다르다. 문장에 '〜ば'(〜하면)가 들어갔을 때 'さえ'가 쓰이면, '〜ば' 앞에 나온 조건이 있을 때 뒤에 나오는 일도 충족된다는 뜻으로 쓰인다. 본문을 보면 더 이해하기 쉽겠지만, '〜ば' 앞에 나온 문장은 '용무가 없다'는 뜻이 되므로, '용무가 없으면' 뒤에 오는 '술을 사준다'는 일이 일어난다는 뜻이 된다.

단어

せっかく[셋까꾸] 기껏　もう[모우] 벌써　できる[데끼루] 생기다　残念だ[잔넨다] 안타깝다

식사 대접을 한다고 할 때

제가 식사 대접하고 싶어요.

わたしがごちそうしたいです。

와 따 시 가 고 찌 소 오 시 따 이 데 스.

관련 표현

제가 차 한 잔 사고 싶어요.

わたしがお茶をごちそうしたいです。

와 따 시 가 오 챠 오 고 찌 소 오 시 따 이 데 스.

내가 내일 밥 살게.

僕が明日ごはんおごるよ。

보꾸 가 아시 따 고 항　오 고 루 요.

+ PLUS

점심, 함께 안 할래요?

昼食、一緒にしませんか。

츄-쇼꾸, 잇 쇼 니 시 마 셍　까?

↳ 상대에게 제안을 할 때 부정형을 사용하여 표현하면 다소 정중하고 완곡한
느낌을 준다.

'ごちそう'는 주로 식사를 대접하거나, 호화로운 식사 자체를 뜻하는 의미이기 때
문에 영화비를 내거나 다른 세화를 사준다고 할 때 잘 쓰이지는 않는다.

Part 3 관계

A わたしがごちそうしたいです。
와 따 시 가 고 찌 소 오 시 따 이 데 스.

B 本当ですか。え、冗談ですよね？
혼 또우 데 스 까? 에, 죠오 단 데 스 요 네?

A 本当ですよ。
혼 또우 데 스 요.

田中さんこそ 冗談いわないでくださいよ。
다 나까상 꼬 소 죠오단 이 와 나 이 데 구 다 사 이 요.

B せっかくだから、必ず行きます。
셋 까 꾸 다 까 라, 카나라즈 이 끼 마 스.

- -

A 제가 식사 대접하고 싶어요.

B 정말요? 어, 농담이죠?

A 정말이에요. 다나카 씨야말로 농담하지 말아요.

B 모처럼이니, 꼭 먹으러 가야지요.

+PLUS 이번 일요일 저녁에 식사하러 오시지 않겠습니까?

今度の日曜の夕方、
곤 도 노 니찌요오 노 유우가따

お食事にいらっしゃいませんか。
오 쇼꾸지 니이랏 샤 이 마센 까?

📖 단어

冗談[죠오단] 농담　～こそ[꼬소] ～야말로　せっかく[셋까꾸] 모처럼　必ず[카나라즈]

반드시, 꼭

A この間お世話になったんで、
코 노 아이다오 세 와 니 낫 딴 데,

お礼がしたいです。
오 레에가 시 따 이 데 스.

B とんでもないですよ。
돈 데 모 나 이 데 스 요.

A 明日の夜、わたしの家でごちそうしたいです。
아시따 노 요루, 와 따 시 노 이에데 고 찌 소 오시 따 이 데 스.

B じゃあ、お言葉に甘えて。
쟈 아, 오 코또 바 니 아마에 떼.

何時に会いましょうか。
난 지 니 아 이 마 쇼 오 까?

- -

A 저번에 신세를 져서, 보답을 하고 싶어요.
B 천만에요.
A 내일 저녁에 저희 집에서 식사 대접하고 싶어요.
B 그럼, 좋아요. 몇 시에 볼까요?

Part 3
관계

🔊 대화 Tip

일본어로 'この間'는 '저번에, 요전'이라는 뜻인데, 間는 '사이'라는 뜻으로 자주 사용되고, 'この'는 '이'라는 뜻이라서 '이 사이'로 헷갈릴 수 있다. 이 부분 유의하자.

📖 단어

お世話になる[오세와니나루] 신세지다　お礼[오레에] 답례(보답)

117

31 선물을 주면서 말을 할 때

이건 제 성의니 받아주세요.

これはほんの気持ちですので、

코 레 와 혼　노 기 모 찌 데 스 노 데,

受け取ってください。

우 께 톳　떼 구 다 사 이.

받아주세요.

受け取ってください。
우 께 톳　떼 구 다 사 이.

작은 성의입니다

気持ちばかりです。
기 모 찌 바 까 리 데 스.

Tip

'선물을 받아주세요'라고 할 때 일반적으로 많이 쓰는 '받다'의 동사 '受ける'만 써서는 안 된다. '受ける' 자체가 '받다'라는 뜻이지만, 선물 등을 받아 달라고 할 때는 '受け取る'를 많이 쓴다.

A 誕生日おめでとうございます！これはほんの
탄죠오비오 메데또오고자이마스! 고레와혼 노

気持ちですので、受け取ってください。
기모찌데스노데, 우께톳 떼구다사이.

B ありがとうございます！
아 리가 또ー 고 자이마스!

どうやってわたしの誕生日を知りましたか。
도우얏 떼와 따시노탄 죠오비오 시리마시 따까?

A わたしたちの誕生日同じじゃないですか。
와 따 시따찌노 탄 죠오 비오나지 쟈 나이 데스 까?

B あ！そうでしたね。
아! 소 우데시 따네.

A 생일 축하해요! 이건 제 작은 성의니 받아주세요.

B 고마워요! 어떻게 제 생일을 알았어요?

A 우리 생일 같잖아요.

B 아! 그렇네요.

🔊 대화 Tip

본문을 보면 알 수 있다시피 '작은 성의'는 'ほんの気持ち'로 표현되어 있다. '気持ち'는 마음을 뜻하고, 'ほんの'의 사전적 의미는 '그저 명색뿐인, 정말 그 정도밖에 못 되는'이다. 두 어휘를 합치면 말 그대로 '정말 마음밖에 없는, 마음밖에 담겨있지 않은' 정도로 해석된다. 한마디로 비싸고 호화로운 선물은 아니고 작은 성의가 담긴 선물이라는 뜻이다.

📖 단어

誕生日[탄죠오비] 생일 受け取る[우께토루] (선물이나 물건 등)을 받다 どうやって[도우얏떼] 어떻게 知る[시루] 알다

A これはほんの気持ちです。
고 레 와 혼　노 기 모 찌 데 스.

B プレゼントだなんて、そんな、悪いですよ。
프 레 젠　또 다 난　떼, 손　나, 와루이 데 스 요.

A 気持ちばかりです。
기 모 찌 바 까 리 데 스.

B 気を遣わせてしまいましたね。
키 오 쯔 까 와 세 떼 시 마 이 마 시 따 네.

本当にすみません。
혼 또오니 스 미 마 셍.

A 이건 제 작은 성의입니다.
B 갑자기 무슨 선물을 가지고 오셨어요.
A 작은 성의예요.
B 신경을 쓰게 했네요. 정말 죄송해요.

대화 Tip

본문에 나온 '悪いですよ'를 해석할 때 주의해야 한다. '悪い'는 원래 '나쁘다'는 뜻이다. 그러나 누군가가 선물이나 호의를 베풀어준다고 할 때 '悪いですよ'라고 하면 보통 '이런 호의(선물)를 받게 되어 미안하다'는 뉘앙스로 쓰인다. 하나의 관용구처럼 외워두자. '気持ちばかり'에서 '気持ち'는 '마음'을 뜻하고 'ばかり'는 '~만'을 뜻한다. 직역하면 '마음만'이라는 뜻이 되는데, 말그대로 '마음만 담긴 것' 즉, 대단한 것은 아니고 작은 성의의 선물이라는 의미이다.

단어

そんな[손나] 그런, 그러한　　気[키] 마음, 정신　　遣わす[쯔까와스] 주다, 보내다

(해외로 떠나는 사람에게)
잘 가라고 할 때

잘 다녀오세요.

いってらっしゃい。
잇 떼 랏 샤 이.

관련 표현

즐거운 여행이 되세요.

旅行、楽しんできてください。
료 꼬우, 타노신　데 끼 떼 구 다 사 이.

(여행 등 어디 갈 때) 부디 조심하세요.

どうかお気をつけて。
도 우 까 오 끼 오 츠 께 떼.

 **PLUS**　안녕히 가세요.

さようなら。
사 요- 나 라.
↳ 오랫동안 헤어질 때 나누는 인사이다.

Tip

'いってらっしゃい'(잘 다녀오세요.)는 흔히 집에서 가족 구성원이 외출할 때 쓰는 표현으로 알고 있다. 그런 상황에서도 쓰지만, 굳이 집이나 가족이 아니어도 가까운 사람이 어디 멀리 가거나 회사에서 출장 갈 때도 흔히 쓴다.

Part 3 관계

A 外出する時は、
가이슈쯔 스 루 토끼 와,

どうかお体にお気をつけてください。
도 우 까 오 카라다니오 키 오 쯔 께 떼 구 다 사이.

B お気遣いありがとうございます。
오 키 즈까이 아 리 가 또— 고 자 이 마 스.

A いってらっしゃい！
잇 떼랏 샤 이!

B はい。向こうに着いたら、電話します。
하 이. 무 꼬우니 쯔 이 따라, 뎅 와시마 스.

A 밖에 나갈 때는 부디 건강을 주의하십시오.
B 신경 써 주셔서 감사합니다.
A 잘 다녀오세요!
B 네. 그곳에 도착하면 전화 드릴게요.

대화 Tip

‘気遣い’는 ‘배려, 마음 씀’을 뜻한다. 고로 ‘お気遣いありがとうございます’는 ‘신경 써 주셔서 감사합니다’라는 뜻으로 쓰인다. 공손한 표현이기 때문에 비즈니스 현장에서도 사용 가능하다.

단어

外出[가이슈쯔] 외출　どうか[도우까] 부디　向こう[무꼬우] 저쪽, 반대편, 행선지　着く
[쯔꾸] 닿다, 도착하다　電話する[뎅와스루] 전화하다

A いってらっしゃい！気を付けてね。
잇 떼 랏 샤 이! 키 오 쯔 께 떼 네.

B わたしのことあんまり心配しないでね。
와 따 시 노 코 또앙　마 리 심 빠이 시 나 이 데 네.

A 日本に着いたら、
니 홍 니 쯔 이 따 라,

家に電話するの忘れないでね。
이 에 니 뎅 와 스 루 노 와쓰 레 나 이 데 네.

B そうする。
소 우 스 루.

お父さんもお母さんも気を付けて帰ってね。
오 또우상　모 오 까아상　모 키 오 쯔 께 떼 카엣　떼 네.

A 잘 다녀오고! 안전에 주의해.
B 내 걱정 별로 하지 마시고.
A 일본에 도착하면 집에 전화하는 거 기억하고.
B 그럴게요. 아빠, 엄마 조심해서 돌아가세요.

🔊 대화 Tip

'わたしのことあんまり心配しないでね'(내 걱정 별로 하지 마시고) 이 구문에서 '~のこと'를 잘 살펴보자. 'こと'는 '것'이기 때문에 '~のこと'는 '~의 것'이라고 생각하기 쉽지만, '명사 + のこと'가 되면, 그냥 명사 그 자체만 지칭하고 'のこと'는 해석을 안 해도 무방하다. 즉, 본문처럼 'わたし'만 해석이 된다. 'あんまり'는 'あまり'와 똑같이 '별로, 그다지'라는 뜻이다.

📖 단어

付ける[쯔께루] (신경을 집중시켜) …하나　心配[심빠이] 걱정, 구심, 염려　家[이에] 집

お父さん[오또오상] 아빠　お母さん[오까아상] 엄마

33 얼마나 자주 출장 가는지 물어볼 때

자주 출장 가시나요?

よく出張に行きますか。

요 꾸 숫 쵸오니 이 끼 마 스 까?

보통 한 달에 몇 번 출장 가시나요?

普段、月に何回くらい

후 단, 쯔끼 니 난 까이 구 라 이

出張に行きますか。

숫 쵸오 니 이 끼 마 스 까?

자주 해외출장 가시나요?

海外出張によく行きますか。

카 이 가 이 숫 쵸오 니 요 꾸 이 끼 마 스 까?

Tip

普段은 '평소에'라는 뜻이다. 이미 뜻에 조사 '에'가 포함되어 있으므로 普段 뒤에 조사 'に'를 붙이면 안 된다.

A 出張はよく行きますか。
숏 쵸오와 요 꾸이 끼마스 까?

B わたしの業務が日本と関連していて、
와 따 시 노 교오무 가 니혼 또 칸 렌 시 떼 이 떼,

よく出張に行きます。
요 꾸 숏 쵸우니 이 끼마 스.

A だったら、日本語もきっとお上手ですよね。
닷 따라, 니 홍 고 모 킷 또오 죠우즈 데 스 요 네.

B 熱心に努力してます。
넷 싱 니 도 료꾸시 떼 마 스.

A 자주 출장 가시나요?

B 제 업무가 일본과 관련이 있어서 자주 출장가요.

A 그러면 일본어 분명 잘하시겠네요.

B 열심히 노력하고 있어요.

Part 3 관계

🔊 대화 Tip

'関連する'는 '관련되다'라는 뜻인데, 'する'가 있기 때문에 '되다'가 아닌 '하다'로 착각해서 '관련되어 있다'는 표현을 쓰고 싶을 때, 사역형으로 만들어서 '関連されている'로 쓰기 쉬운데, '関連する' 자체가 '관련되다'는 뜻이기 때문에 그대로 진행형을 쓰면 '관련되어 있다'는 뜻이 된다.

📖 단어

出張[숏쵸오] 출장　業務[교오무] 업무　だったら[닷따라] 그러면　熱心に[넷싱니] 열심히
努力する[도료꾸스루] 노력하다

125

A 出張はよく行きますか。
숫 쪼오와 요 꾸 이 끼 마 스 까?

B たまに日本に出張行きます。
타 마 니 니 혼 니 숫 쪼오 이 끼 마 스.

A じゃあ、今まで日本のどこに行きましたか。
쟈 아, 이마 마 데 니 혼 노 도 꼬 니 이 끼 마 시 따 까?

B 東京、福岡、大阪などです。
토오쿄오, 후꾸오까, 오오사까 나 도 데 스.

A 자주 출장 가시나요?
B 때때로 일본 출장가요.
A 그러면 지금까지 일본의 어디를 가보셨어요?
B 도쿄, 후쿠오카, 오사카 등이요.

 **PLUS**　우리 집에 오지 않겠어요?

わたしの家に来ませんか。
와 따 시 노 이에에니 끼 마 센　　까?

📖 **단어**

よく[요꾸] 곧잘, 자주　たまに[타마니] 가끔, 때때로　まで[마데] 까지　福岡[후꾸오까]

후쿠오카　大阪[오오사까] 오사카　など[나도] 따위, 등(예시하는 데 쓰는 말)

34 배웅할 때

조심히 가세요.

お気を付けてお帰りください。

오 끼 오 츠 께 떼 오 까에리 구 다 사 이.

조심히 잘 가.

気を付けて帰ってね。

키 오 츠 께 떼 카엣 떼 네.

가는 길 조심하시고요.

帰り道に気を付けてください。

카에리 미찌 니 키 오 츠 께 떼 구 다 사 이.

Tip

'帰り道'는 '(집에) 돌아가는 길'이다. '帰る'는 '돌아가다'는 의미지만, 더 구체적으로 하면 집에 돌아간다는 의미로 쓰인다. 꼭 집이어야 하는 것은 아니고, 자기 본국에 돌아갈 때도 자주 쓰는 표현이다. 어쨌든 '帰る'는 자신의 집이나 본국에 돌아간다는 의미를 내포한다.

A お招きいただきありがとうございます。
오 마네끼 이 따 다 끼 아 리 가 또— 고 자 이 마 스.

B また今度遊びに来てください。
마 따 콘 도 아소비 니 키 떼 구 다 사 이.

A 寒いので、お見送りなさらないでください。
사 무 이 노 데, 오 미 오꾸리 나 사 라 나 이 데 구 다 사 이.

B それでは、お気をつけてお帰りください。
소 레 데 와, 오 키 오 츠 께 떼 오 까에리구 다 사 이.

A 초대해주셔서 감사합니다!

B 다음에 또 놀러 오세요.

A 추우니까 배웅 안 하셔도 돼요.

B 그럼 조심히 가세요.

🔊 대화 Tip

'お見送りなさらないでください'(배웅 안 하셔도 돼요.)에서 'なさらない'는 'する'(하다)의 높임말인 'なさる'(하시다)에 부정형 'ない'가 결합된 표현이다. 거기다 '~하지 말아주세요'라는 표현을 쓰기 위해서는 그 'ない'형 뒤에 '~でください'를 붙이면 된다. 고로 '~なさらないでください'는 '~하지 말아주세요'가 된다.

📖 단어

招き[마네끼] 초대, 초청　遊び[아소비] 노는 일, 놀이　寒い[사무이] 춥다　見送る[미오꾸루] 배웅하다, (일정 등을) 연기하다

A お気をつけてお帰りください。
오 끼오츠 께 떼 오 까에리구 다 사 이.

B 次はわたしの家にお招きしたいです。
츠기와 와 따 시 노 이에니 오 마네끼 시 따 이 데 스.

A いいですね。その日が待ち遠しいです。
이 이 데 스 네. 소 노 히 가 마 찌 도오시 이 데 스.

B その時はわたしがラーメンごちそうします。
소 노 토끼와 와 따 시 가 라 – 멘 고 찌 소 오 시 마 스.

- -

A 조심히 가세요.
B 다음은 저희 집으로 초대하고 싶어요.
A 좋아요, 그날이 기대되네요.
B 그때는 제가 라멘 대접할게요.

＋PLUS 안녕히 가세요. 잘 와 주셨습니다.

さようなら、よくいらしてくださいました。
사 요 오 나 라, 요 꾸 이 라 시 떼 구 다 사 이 마 시 따.

↳ いらっしゃっては 흔히 줄여서 いらして로 표현한다.

단어

帰り[까에리] 돌아옴, 돌아감　日[히] 날　待ち遠しい[마찌도오시이] 기대되다　その時

[소노토끼] 그때　ラーメン[라아멘] 라멘

35 왜 이렇게 늦게 왔는지 물어볼 때

왜 이렇게 늦게 왔어요?

どうしてこんなに遅れたんですか。

도 우 시 떼 콘　　나 니 오꾸 레 딴　　데 스 까?

왜 또 정시에 퇴근을 하지 않나요?

何でまた定時で退勤しないんですか。

난 데 마 따 테에지 데 타이 낑 시 나 인　　데 스 까?

지금 몇 시인지 알아요? 아직 돌아오지 않는군요!

今、何時か分かっていますか。

이마,　난 지 까 와 깟　　떼 이 마 스 까?

まだ帰って来ませんね！

마 다 카엣　　떼 키 마 셍　　네!

Tip

'定時'는 '정시'를 뜻하는 말인데, 우리나라에서는 '정시에 퇴근하다'처럼 뒤에 조사 '에'를 붙인다. 그러나 일본어로 표현할 때는 뜻은 우리와 같지만 조사 'に'가 아닌 조사 'で'를 써야 하는 점 주의하자.

A どうしてこんなに遅れたんですか。
도 우 시 떼 콘　나 니 오꾸레 딴　데 스 까?

B 俺も早く帰りたかったけど、残業があって。
오레모 하야꾸 카에리 타 캇　따 케 도, 잔 교우 가 앗　떼.

A また残業なの?
마 따 잔 교우나 노?

B これも全部家族のためなんだよ!
코 레 모 젠 부 카조꾸 노 다 메 난　다 요!

- -

A 왜 이렇게 늦게 왔어요?
B 나도 빨리 집에 오고 싶었는데, 야근이 있어서.
A 또 야근이야?
B 이것도 다 우리 가족을 위한 거잖아!

🔊 대화 Tip

'俺'는 '나'를 뜻하는 어휘인데, 남자만 사용할 수 있다. 남자라도 아무 때나 사용할 수 있는 것은 아니며, 처음 보는 사람이나 자기보다 지위가 높은 사람에게 사용하면 상당히 무례하게 비춰질 수 있다. 이 표현은 주로 친구, 애인이나 자기보다 아랫사람, 예컨대 후배 앞에서 자주 쓸 수 있는 표현이다.

'遅れる'는 '늦다, 늦어지다'라는 표현인데, 실생활에서는 뒤에 '왔다'라는 표현 없이 '遅れる'만 써도 '늦게 왔다'라는 뜻으로 쓰인다.

📖 단어

遅れる[오꾸레루] 늦다, 늦어지다　　残業[잔교우] 야근　　～のためだ[노다메다] ～을 위해서다

A 何でまたこんなに遅れたの？
난 데 마 따 콘　나 니 오꾸레 따 노?

B 会社で会食があるって言ってなかったっけ？
카이 샤 데 가이쇼꾸가 아 룻　떼 잇　떼 나 깟 땃　께?

A 今日も会食、明日も会食、会食ばかりじゃん！
쿄우　모 가이쇼꾸,　아시따　모 가이쇼꾸,　가이쇼꾸 바 까 리 쟝!

B 会食も会社の業務のひとつだよ。
가이쇼꾸모 카이샤　노 교오무 노 히 또 츠 다 요.

A 왜 또 이렇게 늦게 왔어요?

B 회사에서 회식이 있다고 말하지 않았어?

A 오늘도 회식, 내일도 회식, 온통 회식이잖아!

B 회사 회식도 업무의 하나잖아.

🔊 대화 Tip

본문에 쓰인 '会社で会食があるって言ってなかったっけ'(회사에서 회식이 있다고 말하지 않았어?) 이 문장에서 '~たっけ' 이 부분은 유의해서 볼 필요가 있다. '~たっけ'는 확실치 않은 것에 대해서 상대방에게 물어보고 확인할 때 쓰는 표현이다. 일반 た형에 'っけ'를 붙이면 된다.

📖 단어

また[마따] 또, 다시　会食[가이쇼꾸] 회식　言う[이우] 말하다　明日[아시따] 내일　業務[교오무] 업무

서비스

이번 장에서는 일상생활 중 접하게 되는 병원, 가게, 식당 등에서 서비스 관련하여 쓸 수 있는 표현을 정리했습니다.

36 어떻게 병을 주의해야 하는지 물을 때

의사 선생님, 제가 돌아가고 난 후에 무엇을 주의해야 할까요?

せんせい　　　　　　　かえ　　　　　　　なに　　ちゅうい
先生、わたしが帰ってから何を注意

센 세에,　와 따 시 가 카엣　때 까 라 나니오 츄우 이

しなければならないでしょうか。

시 나 께 레 바 나 라 나 이 데 쇼　오 까?

의사 선생님, 제 병이 심각한가요?

せん せい　　　　　　　　びょう き　　しん こく
先生、わたしの病気は深刻ですか。
센 세에,　와 따 시 노 뵤오 끼 와 싱 꼬꾸 데스 까?

의사 선생님, 음식에 있어서 무엇을 주의하면 되나요?

せん せい　しょく じ　　なに　　ちゅう い
先生、食事は何を注意すればいいですか。
센 세에,　쇼꾸 지 와 나니오 츄우 이 스 레 바 이 이 데스 까?

Tip

우리나라에서는 '의사 선생님'이라고 호칭하는 경우가 있지만, 일본에서 의사를
せん せい
마주한 상황에서는 보통 그냥 '先生' '선생님'이라고 부르는 경우가 많다.

A 先生、何を注意すればいいですか。
せんせい なに ちゅう い
센 세에, 나니오 츄우 이 스 레 바이 이데 스 까?

B 薬をちゃんと飲むことと、
くすり の
쿠스리오챤 또 노무 코 토 또,

水をたくさん飲んでください。
みず の
미즈오 타 꾸 상 논 데구 다사 이.

A 避けなければいけないものってありますか。
さ
사 께나 께 레 바 이 께 나 이 모 놋 떼 아리마 스 까?

B 辛いものと油っこいものは多少控えて
から あぶら た しょうひか
카라 이 모 노 또아부랏 꼬 이 모 노 와 타 쇼오히까 에 떼

くださいね。
구 다 사 이 네.

A 의사 선생님, 무엇을 주의해야 할까요?
B 약 제대로 먹고, 물 많이 마시세요.
A 피해야 할 것이 있나요?
B 매운 것이랑 기름진 거 삼가 주세요.

🔊 대화 Tip

본문에 나온 '避けなければいけないものってありますか'(피해야 할 것이 있나요?)에
서 'って'는 여러 용법으로 쓰이지만 여기에서는 '~(이)란 (것이)'의 의미로 쓰인다. '避けな
ければいけないものって'까지가 '피하지 않으면 안 되는 것'이고, 'ありますか'는 '있습니
까?'이다.

📖 단어

注意する[츄우이스루] 주의하다　薬[쿠스리] 약　たくさん[타꾸상] 많이　避ける[사께루]
ちゅう い くすり さ
피하다　辛い[카라이] 맵다　油っこい[아부랏꼬이] 기름지다　控える[히까에루] 삼가다
から あぶら ひか

A 先生、何を注意しなければいけないんですか。
셍 세에, 나니오 츄우이 시나 께레 바이 께나인 데스 까?

B 禁煙が必要です。
킹 엔 가 히쯔요우 데 스.

A 自ら禁断症状を乗り越えられるかわかりません。
미즈까라킹 단 쇼우죠우 오 노 리 꼬 에 라 레 루 까 와 까 리마 셍.

B 必ず禁煙してください！
카나라즈 킹 엔 시 떼 구 다 사 이!

A 의사 선생님, 무엇을 주의해야 할까요?
B 금연이 필요해요.
A 제가 스스로 금단현상을 이겨낼 수 있을지 모르겠네요.
B 반드시 금연해야 돼요!

대화 Tip

'乗り越えられる'는 직역하면 '이겨낼 수 있다'는 의미이다. 가능형 문구이다. 기본형은 '乗り越える'(이겨내다)인데, 동사의 끝이 'る'로 끝나고 'る' 앞에 온 글자가 い단이나 え단이 오는 경우, 그 글자를 지우고 'られる'를 붙이면 가능형이 된다.

단어

禁煙[킹엔] 금연　必要 だ[히쯔요우다] 필요하다　自ら[미즈까라] 스스로　禁断症状[킹단쇼우죠우] 금단증상　乗り越える[노리꼬에루] 극복하다, 이겨내다

37 흥정을 할 때

더 깎아 줄 수 있나요?

<ruby>すこ</ruby> <ruby>やす</ruby>
もう少し安くしてもらえますか。

모 우 스꼬시 야스꾸 시 떼 모 라 에 마 스 까?

관련 표현

처음 뵙겠습니다. 잘 부탁합니다.

はじめまして。どうぞよろしく。

하 지 메 마 시 떼. 도ー 조 요 로 시 꾸.

당신을 알게 되어 영광입니다.

あなたにお会いできて光栄です。

아 나 따 니 오 아 이 데 끼 떼 코오에에 데 스.

Tip

일본어로 '비싸다'는 '高い', '(값이) 싸다'는 '安い'이다. 그래서 보통 '값을 깎아 달라'고 할 때는 '安い'를 '安くして'로 만들어서 '싸게 해달라'는 형태로 만들어야 한다. '値下げ'는 '가격 인하'인데, 'お値下げ'를 부탁한다고 하면 '가격 인하'를 부탁한다는 말이 되므로, 한마디로 깎아 달라는 표현이 된다.

A この服いくらですか。
고 노 후꾸 이 꾸라데스 까?

B 一枚 1200円です。
이찌마이 센 니햐꾸엔 데 스.

A もう少し安くしてもらえますか。
모 오 스꼬시 야스꾸 시 떼 모라 에 마스 까?

B 今はプロモーション期間ですから、
이마 와 프 로모 ― 숑　키 깡데 스 까 라,

10%割引です。
줏파아센또와리비끼데 스.

- -

A 이 옷 얼마예요?

B 한 벌에 1200엔입니다.

A 좀 더 깎아 줄 수 있나요?

B 지금은 판촉 기간이라서 10% 할인이에요.

🔊 대화 Tip

옷의 수량을 셀 때 단위는 보통 枚를 쓴다. 枚는 '장'을 뜻하는데, '옷' 이외에도 종이 등을 셀 때 쓰인다. 가격을 물을 때 '얼마예요?'라고 표현하고 싶을 때는 'いくらですか。'라고 물어보면 된다.

📖 단어

服[후꾸] 옷　もう少し[모오스꼬시] 조금 더　プロモーション期間[프로모―숑키깡] 판촉

기간　割引[와리비끼] 할인

A このスーツいくらですか。
코 노 스- 쯔 이 꾸라 데 스 까?

B 15000円です。
이찌망고셍 엥 데 스.

A もうちょっとお値下げ可能ですか。
모 우 쫏 또오 네 사 게 카 노우데 스 까?

B それは難しいです。
소 레 와 무즈까시이 데 스.

今、特価で販売しているので。
이마, 톳 까 데 한 바이시 떼 이 루 노 데.

- -

A 이 슈트 얼마예요?

B 15000엔입니다.

A 좀 더 깎아 주시는 건 가능할까요?

B 그건 어려워요. 지금 특가로 판매하고 있어서요.

대화 Tip

'~ので'는 '~이기 때문에'로 많이 쓰이지만, 문장 끝에 오면 '~해서요, ~라서요, ~하고 있어서요' 등으로 쓰일 수 있다.

단어

スーツ[스-쯔] 슈트   難しい[무즈까시이] 어렵다   特価[톳까] 특가   販売[한바이] 판매

잔돈을 바꿔줄 수 있나요?

こ ぜに　　りょうがえ
小銭を両替できますか。

고 제니 오 료오가에 데 끼 마 스 까?

관련 표현

이걸 잔돈으로 바꿔줄 수 있나요?

こ ぜに　　りょう がえ
これ小銭に両替できますか。
고 레 고 제니 니 료오가에 데 끼 마 스 까?

누가 만원 지폐를 잔돈으로 바꿔줄 수 있나요?

だれ　　いち まん　　　　　　さつ　　こ ぜに　　りょう がえ
誰か一万ウォン札を小銭に両替
다레 까 이찌 망 웡　　　　사쯔 오 고 제니 니 료오가에

してくれませんか。
시 떼 쿠 레 마 셍　　까?

Tip

일반적으로 우리가 물건을 살 때 돈을 지불해서 차액을 받는 잔돈을 의미하는 단어는 'おつり'이다. '小銭'는 일반적으로 '잔돈'이라는 의미를 포함하고는 있지만, '작은 돈, 동전'이라는 의미가 강하다.

A これ小銭に両替できますか。
고 레　고 제니 니 료우가에 데 끼 마 스 까?

B いくら両替しますか。
이 꾸 라 료우가에 시 마 스 까?

A 千円です。
셍 엥 데 스.

B 五百円玉一つと百円玉五つに
고 햐꾸 엔 다마히또쯔　또 햐꾸 엔 다마이쯔 쯔 니

両替いたします。
료우가에 이 따 시 마 스.

- -

A 이걸 잔돈으로 바꿔줄 수 있나요?

B 얼마 바꾸시는데요?

A 천엔이요.

B 500엔짜리 동전 하나랑 100엔짜리 동전 5개로 환전해드릴게요.

대화 Tip

본문 마지막 문장에 나온 'いたします'의 기본형은 'いたす'이다. 'いたす'는 자기보다 높은
사람에게 무언가를 해드릴 때 자기를 낮추어 부르는 'する'(하다)의 겸양어이다.

단어

小銭[고제니] 잔돈　　両替[료우가에] 환전　　五百円玉[고햐꾸엔다마] 500엔 동전　　百円玉
[햐꾸엔다마] 100엔 동전　　五つ[이쯔쯔] 5개

A これ小銭に両替してもらえますか。
고 레 고 제니 니 료우가에시 떼 모 라 에 마 스 까?

B 申し訳ありませんが、
모오 시와께 아 리마 셍　가,

こちらも小銭がございません。
고 찌 라 모 고 제니가 고 자 이마 셍.

A 大丈夫です。だったら、
다이죠우 부 데 스. 닷　 따 라,

僕がコンビニに行って両替してきます。
보꾸가 콘　 비 니 니 잇　 떼 료우가에시 떼 키 마 스.

B はい。申し訳ございません。
하 이.　모우시 와께 고 자 이 마 셍.

- -

A 잔돈으로 바꿔줄 수 있나요?
B 죄송한데, 저희도 잔돈이 없어요.
A 괜찮아요, 그러면 제가 편의점 가서 바꿀게요.
B 네. 죄송합니다.

🔊 대화 Tip

'こちらも小銭がございません。'(저희도 잔돈이 없어요) 이 문장에서 'ございません'은 '없다고 얘기할 때 쓸 수 있는 표현이다. 즉, 자기 보다 높은 사람에게 무언가 '없다'고 얘기할 때 쓸 수 있는 표현이다.

📖 단어

大丈夫[다이죠우부] 괜찮음, 걱정 없음　 **だったら**[닷따라] 그렇다면, 그러하다면　 **コンビニ**[콘비니] 편의점

142

39 머리 스타일을 어떻게 해줄까 물을 때

어떤 머리 스타일로 하고 싶으세요?

どういう髪型にされたいんですか。

도 오 이 우 카미가따니 사 레 따 인　데 스 까?

어떤 머리 스타일로 하고 싶나요?

どんなヘアースタイルに

돈　　나 헤 아 - 스 타 이 루 니

されたいですか。

사 레 따 이 데 스 까?

어떤 머리 스타일로 파마를 하고 싶나요?

どういうスタイルにパーマを

도 우 이 우 스 따 이 루 니 파 - 마 오

かけたいですか。

카 　께 따 이 데 스 까?

Tip

'파마를 하다'는 표현은 'パーマをする'라고 쓸 수도 있지만, 일반적인 숙어로는
'パーマをかける'를 쓴다. 머리 스타일은 '髪型'라고도 하고 'ヘアースタイル'
라고도 한다.

Part 4

서비스

143

A どういう髪型(かみがた)にされたいんですか。
도 오 이 우 카미가따니 사 레 따 인 　 데 스 까?

B ショートヘアにしたいです。
쇼 　－ 또헤아 니 시 따 이 데 스.

A どのくらいの長(なが)さで切(き)ればよろしいでしょうか。
도 노 꾸 라 이 노 나가사 데 　키 레 바 요로 시 이 데 쇼 　오 까?

B このくらいの長(なが)さで大丈夫(だいじょうぶ)だと思(おも)います。
고 노 꾸 라 이 노 　나가사 데 다이죠우 부 다 또 오모 이 마 스.

A 어떤 머리 스타일로 하고 싶나요?
B 짧은 머리로 자르고 싶어요.
A 어느 정도 길이로 자르면 될까요?
B 이 정도 길이면 괜찮을 것 같아요.

🔊 대화 Tip

'どのくらいの長(なが)さで切(き)ればよろしいでしょうか。'(어느 정도 길이로 자르면 될까요?) 이 문장에서 'よろしいでしょうか'는 자기보다 높은 사람에게 무언가를 물어보거나 부탁을 할 때 '괜찮을까요?'라는 의미로 쓰인다.

📖 단어

髪型(かみがた)[카미가따] 머리 스타일　ショートヘア[쇼오또헤아] 짧은 머리　長(なが)さ[나가사] 길이

切(き)る[키루] 자르다

144

A 今日はどんなスタイルにしますか。
쿄우 와 돈 나 스따이루니 시마스 까?

B 一番流行っているスタイルにしたいです。
이찌방 하얏 떼 이루 스따이루 니 시따 이데스.

A あそこの上に紹介されてあるいくつかの
아 소 꼬 노 우에니 쇼오까이사 레 떼 아루 이꾸츠 까 노

種類が最近、一番流行っているものです。
슈루이가 사이낑, 이찌방 하얏 떼 이루 모노데스.

B 僕はこれにしたいです。
보꾸와 고 레 니 시따 이데스.

- -

A 오늘은 어떤 머리 스타일로 하고 싶나요?

B 가장 유행하는 스타일로 하고 싶어요.

A 저기 위에 소개되어 있는 몇 가지 종류가 요즘, 가장 유행하는 거예요.

B 저는 이걸로 하고 싶어요.

📢 대화 Tip

'~てある'와 '~ている'는 둘 다 현재 진행형이라는 점에서 공통점을 갖지만 전자는 '(인위적으로) ~해져 있다'이고, 후자는 '~하고 있다'라는 뜻이다.

불이 켜져 있다. 꽃이 피어 있다.

예) 電気がつけてある. 花が咲いている。
덴 끼 가 츠 께 떼아 루. 하나가 사이 떼 이루.

즉, 불은 누군가가 인위적으로 켠 것이고 꽃은 스스로 피는 것이기 때문에 '~てある'를 쓸 수가 없다.

📖 단어

スタイル[스따이루] 스다일 一番[이찌방] 가장 流行る[하야루] 유행하다 あそこ[아소꼬] 저기 いくつか[이꾸츠까] 몇 가지 種類[슈루이] 종류

40 수리를 부탁할 때

제 컴퓨터가 고장이 났어요. 수리 좀 해주세요.

わたしのパソコンが故障しました。

와 따 시 노 파 소 콩　가 고 쇼오 시 마 시 따.

修理お願いします。

슈우 리 오 네가 이 시 마 스.

제 핸드폰이 고장 났어요. 수리해 주실 수 있을까요?

わたしの携帯が壊れたんですけど、

와 따 시 노 케에따이 가 코와 레 딴　　데 스 께 도,

修理してもらえますか。

슈우 리 시 떼 모 라 에 마 스 까?

번거롭겠지만 이쪽으로 와주시겠습니까?

お手数ですが、

오 테 스우 데 스 가,

こちらまでお越しいただけますか。

코 찌 라 마 데 오 꼬 시 이 따 다 께 마 스 까?

Tip

'こちら'와 'こっち'는 똑같이 '이쪽'이라는 뜻이지만 정중하게 표현할 때는 'こちら'를 사용해야 한다.

A わたしのノートパソコンが故障したんですけど、
와 따 시 노 노- 또 파 소 콩　가 고쇼우시 딴　데 스 께 도,

修理をお願いします。
슈우 리 오 오 네가이 시 마 스.

B ちょっと機器の確認をしてみます。
쫏　또 키 끼 노 카쿠닝 오 시 떼 미 마 스.

A 何が問題なんでしょうか。
나니가　몬 다이 난　데 쇼　오 까?

B 中のハードウェアが故障してますね。
나까노 하 - 도 웨　아 가 코쇼우시 떼 마 스 네.

A 제 노트북이 고장 났는데, 수리 좀 부탁드립니다.
B 제가 좀 볼게요.
A 무엇이 문제예요?
B 안의 하드웨어가 고장 났어요.

단어

ノートパソコン[노오또파소콩] 노트북　故障する[코쇼우스루] 고장나다　修理[슈우리] 수리　機器[키끼] 기기　ハードウェア[하아도웨아] 하드웨어

A もしもし。管理室ですか。わたしはこのマンシ
모시 모시. 간 리시쯔 데 스 까? 와 따시 와 고 노 만   숀

ョンの206号室に住んでいる住人なんですが。
노 니마루로꾸고우시쯔니슨   데 이 루 쥬우닌 난   데 스 가.

B こんにちは！いかがなさいましたか。
곤   니 찌 와!   이 까 가 나 사 이 마 시 따 까?

A 建物のエレベーターが壊れてます。
타떼모노 노 에 레 베 – 따 – 가 고와 레 떼 마 스.

B あ、こちらから直ちに直しに行かせます。
아,   고 찌 라 까 라 타다 찌 니 나오시 니 이 까 세 마 스.

A 여보세요? 관리 사무소죠? 저는 이 맨션 206호 사는 입주민인데요.
B 안녕하세요! 무슨 일이죠?
A 건물 엘리베이터가 고장이 났어요.
B 아, 여기서 바로 고치러 가게 할게요.

대화 Tip

'いかがなさいましたか'는 '무슨 일이죠?'라고 물어보는 겸양어이다. 숙어로 외워두자.
'直しに行かせます.' 이 문장은 '고치러 가게 하겠습니다'는 뜻을 지닌 문장인데, 'ます 형 + ～に + 동사' (～하러 ～하다)형태를 띄는 표현이다. 直す의 ます형인 '直し'에 'に'를 붙이고 '가게 하다'를 뜻하는 '行かせる'의 존댓말 표현인 '行かせます'를 붙이면 '直しに 行かせます.'가 완성된다.

단어

管理室[칸리시쯔] 관리실　住人[쥬우닌] 입주민　建物[타떼모노] 건물　エレベーター
[에레베에따아] 엘리베이터　直ちに[타다찌니] 곧바로　直す[나오스] 고치다

41 받은 돈이 틀리다고 할 때

거슬러준 돈이 맞지가 않아요.

おつりが違います。

오 쯔 리 가 치가이 마 스.

잔돈 액수가 모자라요.

おつりが足りないです。
오 쯔 리 가 타 리 나 이 데 스.

거스름돈이 틀린 것 같은데요.

おつりが違っているようですが。
오 쯔 리 가 치갓 떼 이 루 요 오 데 스 가.

PLUS 생각할 시간을 주세요.

考える時間をください。
캉가 에 루 지 깡 오 구 다 사 이.

'おつり'는 '거슬러 받은(혹은 주는) 잔돈'이다.

Ⓐ ビール3本とソフトドリンク二つで合計
비 – 루 산 본 또 소후 또 도링　크 후따 쯔 데 고우께에

1800円です。
센핫 빠꾸 엔 데 스.

Ⓑ 二千円です。
니 셍 엥 데 스.

Ⓐ 二千円お預かりいたします。
니 셍 엥 오 아즈까 리이 따 시 마 스.

二百円のお返しです。
니 햐꾸 엔 노 오 까에시 데 스.

Ⓑ おつりが違いますよ。五十円足りません。
오 쯔 리 가 치가이 마 스 요.　고 쥬 엔 타 리 마 셍.

- -

Ⓐ 맥주 3병, 음료수 2병, 총 1800엔입니다.

Ⓑ 2000엔 드릴게요.

Ⓐ 2000엔 받았습니다. 200엔 거슬러 드릴게요.

Ⓑ 거슬러주신 것이 맞지 않아요. 50엔 부족해요.

💬 대화 Tip

'二千円お預かりいたします。二百円のお返しです。'(2000엔 받았습니다. 200엔 거슬러 드릴게요.) 이 문장은 일본 음식점 등에서 자주 들을 수 있는 문구이다. 점원이 손님으로부터 돈을 받으면, '(액수) お預かりいたします。' 라고 하고, 돈을 거슬러 줄 때는 '(액수) のお返しです。' 라고 한다.

📖 단어

ビール[비-루] 맥주　ソフトドリンク[소후또도링크] 음료　足りる[타리루] 족하다　足りない[타리나이] 부족하다

A ソフトドリンク一つ300円で、
소 후 또 도 링 크 히또쯔 산뱌꾸 엔 데,

ソーセージ一つ250円で、合計550円です。
소 - 세 - 지 히또쯔 니햐꾸고쥬우엔데, 고우께에고햐꾸고쥬우엔데스.

B カード使えますか。
카 - 도 츠까에 마 스 까?

A ご利用になれます。
고 리 요오니 나 레 마 스.

B これクレジットカードと会員カードです。
코 레 크 레 짓 또 카 - 도 또 카이잉 카 - 도 데 스.

- -

A 음료수 하나 300엔, 소시지 1개에 250엔 해서 총 550엔입니다.
B 카드 쓸 수 있나요?
A 가능합니다.
B 이거 신용 카드랑 회원 카드예요.

🔊 대화 Tip

'ご利用になれます'는 단순히 '가능합니다'라는 뜻을 전달하는 것을 넘어서 상당히 공손한 표현이다. 본문 상황처럼 주로 음식점이나 비즈니스 현장에서 손님 등에게 '가능하다'고 할 때 쓰이는 표현이다.

'음료수'를 직역한 '飲料水'는 '식용수'를 지칭한다. 일반적으로 콜라나 주스 등을 지칭하는 음료수는 'ソフトドリンク' 라고 한다.

📖 단어

ソーセージ[소-세-지] 소시지　使える[츠까에루] 쓸 수 있다　クレジットカード[크레짓또카-도] 신용 카드　会員[카이잉] 회원

42 주문을 할 때

저기요, 여기 주문이요.

すみません、注文します。
스 미 마 셍, 츄우몽시 마 스.

저기요, 여기 인기 메뉴 추천해주세요.

すみません、ここの人気メニューを
스 미 마 셍, 고 꼬 노 닝 끼 메뉴 – 오

おすすめしてください。
오 스 스 메 시 떼 구 다 사 이.

여기서 가장 인기가 있는 메뉴는 뭐예요?

ここで一番人気のあるメニューは
고 꼬 데 이찌방 닝 끼 노 아 루 메뉴 – 와

何ですか。
난 데 스 까?

Tip

본문에 나온 'おすすめ'와 '推薦'은 둘 다 '추천'이라는 뜻이다. 하지만 쓰임은 엄연히 다르다. 전자는 음식, 관광지 등 일상에서 비교적 가벼운 소재를 추천할 때 쓰는 표현이고, 후자는 학교에서 장학금이나 인재를 추천할 때 주로 쓰인다.

Ⓐ すみません。注文します。
　스 미 마 셍.　　　츄우몽 시 마 스.

Ⓑ はい！ ご注文はお決まりですか。
　하 이!　　고 츄우몽 와 오 끼 마 리 데 스 까?

Ⓐ かつ丼と豚生姜焼き定食とビール一本
　가 쯔 동 또 부따쇼오 가 야 끼 테에쇼꾸 또 비 이 루 잇 뽕

　お願いします。
　오 네가이 시 마 스.

Ⓑ かしこまりました。少々お待ちくださいませ。
　가 시 꼬 마 리 마 시 따.　　쇼오쇼오오 마 찌 구 다 사 이 마 세.

Ⓐ 저기요, 여기 주문이요.

Ⓑ 네! 주문하시겠습니까?

Ⓐ 카츠동, 부따쇼가야끼 정식 그리고 맥주 한 병이요.

Ⓑ 네. 잠시만 기다려 주세요.

🔊 대화 Tip

'かしこまりました'(네)와 '少々お待ちくださいませ'(잠시만 기다려 주세요) 역시 일본에서 음식점이나 비즈니스 현장에서 많이 쓰이는 표현이다. 손님 등 상대방이 부탁을 하거나 말을 걸었을 때 그냥 'はい'라고 할 수 있지만, 'かしこまりました'는 그것보다 공손한 표현이다. '少々お待ちくださいませ'도 상대방에게 잠시만 기다려 달라고 할 때 쓸 수 있는 공손한 표현이다.

📖 단어

注文する[츄우몽스부] 수문하다　　かつ丼[카쯔동] 카츠동　　豚生姜焼き定食[부따쇼오가야끼테에쇼꾸] 부따쇼가야끼 정식

Ⓐ すみません。注文します。
스 미 마 셍.　　 츄우몽 시 마 스.

Ⓑ お二人様ご注文はお決まりですか。
오 후따 리 사마고 츄우몽 와 오　끼 마 리 데 스 까?

Ⓐ ここで一番人気のあるメニューは何ですか。
고 꼬 데 이찌 방 닌 끼 노 아 루 메뉴　　－ 와 난 데 스 까?

Ⓑ 当店では天丼が一番有名です。
토우 뗑 데 와 텐 동 가 이찌 방 유우메에 데 스.

Ⓐ 저기요. 여기 주문이요.
Ⓑ 두 분 주문하시겠어요?
Ⓐ 여기서 가장 인기 있는 메뉴가 뭐예요?
Ⓑ 저희 가게에서는 텐동이 가장 유명합니다.

🔊 대화 Tip

본문에 나온 ‘人気のあるメニュー’(인기 있는 메뉴) 이 문구에서 조사 ‘の’ 때문에 해석이 어색하게 될 수도 있다. 조사 ‘の’는 뜻이 ‘~의, ~의 것’ 외에도 ‘~(이)가’로 쓰일 수 있다. 주로 ‘명사 ＋ の ＋ 술어’ 이 패턴이 올 때는 조사 ‘の’가 통상적으로 알고 있는 ‘~의, ~의 것’ 으로 해석되지 않고, ‘~(이)가’로 쓰인다.

📖 단어

二人[후따리] 두 사람　　様[사마] (명사 등에 붙여서 존경, 공손을 나타냄)　　当店[토우뗑] 이 가게
天丼[텐동] 텐동(튀김 덮밥)

요리가 나오지 않을 때

저희가 주문한 요리는 아직 안 나오나요?

わたしたちが注文した料理は
와 따시 따 찌 가 츄우몽 시 따 료오리 와

まだ出ませんか。
마 다 데 마 셍 까?

주문한 요리가 아직 안 오는데요.

頼んだ料理がまだ来ないんですが。
타논 다 료오리 가 마 다 코 나인 데 스 가.

저희가 주문한 요리가 언제 나오죠?

わたしたちが注文した料理は
와 따시 따 찌 가 츄우 몽 시 따 료오리 와

いつ来るんですか。
이 쯔 쿠 룬 데 스 까?

Part 4 서비스

Tip

우리나라에서는 흔히 '주문한 음식이 나오다'라는 표현을 많이 사용하지만, 일본에서는 보통 '注文した料理が来る'(주문한 음식이 오다)라고 표현한다. '주문하다'라는 표현은 '注文する' 이외에도 '頼む'(부탁하다)를 쓸 수 있다.

A 頼んだ料理がまだ来ないんですが。
타논　다 료오리 가 마다 코 나인　데 스 가.

B 確認してみます。こちら、焼きそばです。
가꾸닌 시 떼 미 마 스.　고 찌 라　야 끼 소 바 데 스.

A お好み焼きはまだ来ていません。
오 꼬노미　야 끼 와 마 다 키 떼 이 마 셍.

B ただ今、お持ちいたします。
타 다 이마,　오 모 찌 이 따 시 마 스.

A 주문한 요리가 아직 안 왔는데요.
B 확인해 볼게요. 여기 야키소바 나왔습니다.
A 오코노미야키는 아직 안 나왔어요.
B 지금 바로 드리겠습니다.

🔊 대화 Tip

‘ただ今’는 흔히 일상회화에서 ‘잘 다녀왔습니다’로 쓰인다고 알려져 있다. 그런 용법으로도 많이 쓰이지만, ‘방금, 즉각’이란 뜻으로도 쓰이니 이 부분 유의하자.

📖 단어

確認する[카쿠닌스루] 확인하다　焼きそば[야끼소바] 야키소바(볶음우동)　お好み焼き
[오꼬노미야끼] 오코노미야키(한국의 전과 비슷한 일본의 대중음식)

A わたしたちが頼んだ料理はいつごろ来ますか。
와 따 시 따 찌 가 타논　다 료오리 와 이 쯔 고 로 키 마 스 까?

B 申し訳ありません。大変お待たせいたしました。
모오시 와께 아 리 마 셍.　　타이 헹 오 마 따 세 이 따 시 마 시 따.

A 生ビールも一つください。
나마 비 ─ 루 모 히또 쯔 구 다 사 이.

B かしこまりました。すぐにお持ちします。
카 시 코 마 리 마 시 따.　스 구 니 오 모 찌 시 마 스.

こちら、注文されたオムライスです。
고 찌 라, 츄우 몬 사 레 따 오 무 라 이 스 데 스.

A 우리가 주문한 요리 언제쯤 나오나요?

B 죄송합니다. 오래 기다리게 했네요.

A 생맥주도 한 잔 주세요.

B 네. 바로 드리겠습니다. 여기 주문하신 오무라이스입니다.

🔊 대화 Tip

‘大変お待たせいたしました’라는 표현은 직역하면 ‘대단히 기다리게 했습니다’ 정도로 해석할 수 있는데, 이는 실제로 오래 기다리게 해서 죄송한 상황에서 쓰기도 하지만, 그리 오래 기다리지 않았는데도 형식적으로 쓰이는 경우도 있다. 상당히 많이 쓰이는 표현이니 기억해두자.

📖 단어

いつごろ[이쯔고로] 인제쯤　　生ビール[나마비이루] 생맥주　　オムライス[오무라이스] 오무라이스

44 자리를 치워 달라고 할 때

정리 좀 해주세요.

ここちょっと片<ruby>片<rt>かた</rt></ruby>づけてください。

고 꼬 촛　또 카타 즈 께 떼 구 다 사 이.

식탁을 깨끗하게 해주실 수 있나요?

テーブルをきれいにして

테 - 부 르 오 키 레 에 니 시 떼

いただけますか。

이 타 다 께 마 스 까?

가능하면 조용한 자리로 부탁합니다.

できるだけ静かな席をお願いします。

데 끼 루 다 께 시즈 까 나 세끼오 오 네가이시 마 스.

Tip

'きれいにする'는 '깨끗하게 하다'라는 뜻이고, '片づける'는 '정리하다, 치우다'라는 뜻이다. 식탁을 정리해달라고 할 때 '片づけてください'(정리해 주세요)라고 할 수도 있겠지만, 살짝 어조가 차가워 보일 수가 있기 때문에 'きれいにしていただけますか。'(깨끗하게 해 주실 수 있나요?)처럼 부드럽게 말하는 것도 좋다.

A すみません。
스 미 마 셍.

このテーブルちょっと片^{かた}づけてください。
고 노 테－부 르 춋　또카따즈 께 떼 구 다 사 이.

B かしこまりました。
카 시 꼬 마 리 마 시 따.

二名様^{にめいさま}、ご注文^{ちゅうもん}をお伺^{うかが}いします。
니 메에사마,　고 츄우 몽 오 오우까가이 시 마 스.

A 親子丼^{おやこどん}とカレーライスください。
오야 꼬　동 또카 레－라 이 스 구 다 사 이.

B はい。少々^{しょうしょう}お待^まちくださいませ。
하 이.　쇼우쇼우 마 찌 구 다 사 이 마 세.

A 저기요, 이 식탁 좀 정리해 주세요.
B 알겠습니다. 두 분, 주문을 듣겠습니다.
A 오야코동이랑 카레라이스 주세요.
B 네. 잠시만 기다려 주세요.

🔊 대화 Tip

본문의 'ご注文^{ちゅうもん}をお伺^{うかが}いします'(어떤 요리 주문하시겠어요?)에서 '伺う'는 두 가지 뜻이 있는데, 첫 번째는 '듣다, 묻다'의 겸양어이다. 일반적으로 누군가에게 무언가를 묻거나 듣는다는 어휘는 '聞^きく'를 쓰는데, 자신을 낮추는 겸양어를 써야 하는 상황에서는 '伺^{うかが}う'를 쓴다. 두 번째 뜻은 '방문하다'라는 뜻이다.

📖 단어

テーブル[테에부르] 식탁　片^{かた}づける[카따즈께루] 정리하다　親子丼^{おやこどん}[오야꼬동] 오야코동

カレーライス[카레에라이스] 카레라이스

A このテーブルきれいにしていただけますか。
고 노 테-부르키레 에 니 시 떼 이 따 다 께 마 스 까?

B はい。何名様でしょうか。
하 이. 난 메에사마 데 쇼 우 까?

A わたしたちは三人で、後でもう一人来ます。
와 따 시 따 찌 와 산 닌 데, 아또 데 모 우 히또리 키 마 스.

B それでは、奥の席の方へご案内いたします。
소 레 데 와, 오꾸노 세끼노 호우 에 고 안 나이 이 따 시 마 스.

A 이 테이블 깨끗하게 해 주실래요?
B 네, 몇 분이시죠?
A 저희는 세 명이고, 좀 이따가 한 명 더 옵니다.
B 그럼 안쪽의 자리로 안내해 드릴게요.

🔊 대화 Tip

'もう'는 보통 '이미, 벌써'로 알려져 있지만, 'もう + 수량, 사람 수' 등이 오고, 그 뒤에 '달라', '온다' 등의 표현이 오면, 'もう'는 '이미, 벌써'가 아닌 '더' 라는 의미로 쓰인다. 아래는 예시문이다.

한 개 더 주세요.
예) もう一つください。
모 우히또쯔구 다 사 이

📖 단어

名[메에] …명   それでは[소레데와] 그럼, 그렇다면   奥[오꾸] 끝, 깊숙한 곳   〜の方[노호우] 〜쪽

45 서비스에 대해 불만 표시할 때

저는 이곳의 서비스에 만족하지 못합니다.

わたしはここのサービスに満足できません。

와 따 시 와 고 꼬 노 사 - 비 스 니 만 조꾸 데 끼 마 셍.

이곳의 서비스가 좋지 않아요.

ここのサービスは良くない。

고 꼬 노 사 - 비 스 와 요꾸 나 이.

이곳 요리가 나오는 것이 너무 느려요.

ここは料理が来るのがとても遅いです。

고 꼬 와 료우 리 가 쿠 루 노 가 토 떼 모 오소 이 데 스.

**PLUS** 불만을 말하고 싶은데요.

苦情を言いたいのですが。

구 죠오오 이 이 따 이 노 데 스 가.

A 久しぶりにここでコーヒーを飲みます。
히사시부리니고꼬데 코-히- 오노미마스.

B わたしはここによく来てましたよ。
와 따시와 고꼬니요꾸키 떼마시 따요.

A でも、僕はここのサービスはあまり
데 모, 보꾸와고꼬노 사 - 비스 와아마리

良くないと思います。
요 꾸나 이 또오모이 마스.

B サービスは確かにいまいちですね。
사 - 비 스 와 타시까 니 이 마 이 찌데스네.

A 오랜만에 여기서 커피를 마셔요.
B 저는 여기 자주 왔어요.
A 근데 전 이곳의 서비스가 별로 좋지 않다고 생각해요.
B 서비스는 확실히 별로예요.

대화 Tip

'よく'라는 표현은 조심해서 사용해야 된다. 'わたしはここによく来てましたよ'(저는 여기 자주 왔어요.)에서 'よく'는 '자주'라는 의미로 쓰였다. 그러나 'あまり良くないと思います'(별로 좋지 않다고 생각해요.) 이 부분에서 '良くない'는 '좋지 않다'로 쓰인 것이다. 따라서 문맥을 잘 파악해서 뜻을 헷갈리지 않게 해야 된다.

단어

久しぶりに[히사시부리니] 오랜만에   サービス[사아비스] 서비스   確かに[타시까니] 확

실히

A 夜に外食にいきましょう。

요루 니 가이쇼꾸 니 이 끼 마 쇼 우.

B いいですよ。すぐ隣にある回転寿司は

이 이 데 스 요. 스 구 토나리니 아 루 카이뗀 즈 시 와

どうですか。

도 우 데 스 까?

A わたしはそこの店員の態度が悪くて、嫌です。

와 따 시 와 소 꼬 노 텐 잉 노 타이도 가 와루꾸 떼, 이야 데 스.

B じゃあ、他のところにしましょう。

쟈 아, 호까 노 도 꼬 로 니 시 마 쇼 우.

A 저녁에 나가서 먹어요.

B 좋아요. 바로 옆에 있는 회전 초밥 어때요?

A 저는 그곳 점원의 태도가 나빠서 싫어요.

B 그럼 다른 곳으로 가요.

단어

外食[가이쇼꾸] 외식　すぐ隣[스구토나리] 바로 옆　回転寿司[카이뗀즈시] 회전 초밥

店員[텐잉] 점원　態度[타이도] 태도　嫌だ[이야다] 싫다　他の[호까노] 다른

46 환불해 달라고 할 때

환불이 가능한가요?

はら　　もど
払い戻しできますか。

하라 이 모도 시 데 끼 마 스 까?

반품 가능한가요?

へん ぴん
返品できますか。

헹 삔 데 끼 마 스 까?

좀 작은데, 더 큰 걸로 바꿀 수 있나요?

ちい
ちょっと小さいんですが、

촛　　　또 치이 사　　인 데 스 가,

おお　　　　　　こう かん
もっと大きいのに交換できますか。

못　　또 오오 끼 이 노 니 코오 깡 데 끼 마 스 까?

Tip

'환불하다'를 뜻하는 표현은 '払い戻す'이고, '반품하다'는 '返品する' 그리고 상품을 '교환하다'는 '交換する'이다.

A これ払(はら)い戻(もど)しできますか。
고 레 하라이 모도시 데 끼 마 스 까?

B 申(もう)し訳(わけ)ございませんが、
모오시 와께고 자 이 마 셍　가,

理由(りゆう)をお伺(うかが)いしてもよろしいでしょうか。
리 유우 오 오우까가이 시 떼 모 요 로 시 이 데 쇼　우 까?

A ネットで見(み)たものよりも品質(ひんしつ)がよくありません。
넷　또데 미 따 모 노 요 리 모 힝시쯔 가 요 꾸 아 리 마 셍.

B 分(わ)かりました。それでは、
와 까 리 마 시 따.　소 레 데 와,

直(ただ)ちに払(はら)い戻(もど)しいたします。
타 다 찌 니 하라 이 모도시 이 따 시 마 스.

A 이거 환불이 가능한가요?
B 죄송한데, 이유를 여쭤봐도 될까요?
A 인터넷에서 본 것보다도 품질이 좋지 않아요.
B 알겠습니다. 그럼 바로 환불 처리해 드리겠습니다.

🔊 대화 Tip

일본에서 '인터넷'이라는 용어는 'インターネット'라고 하지만, 줄여서 'ネット'라고 하기도
한다.

📖 단어

払(はら)い戻(もど)し[하라이모도시] 환불　　理由(りゆう)[리유우] 이유　　伺(うかが)う[우까가우] 품의(稟議)하다, 물어

보다　　ネット[넷또] 인터넷　　品質(ひんしつ)[힝시쯔] 품질

A すみません。これ返品できますか。
스 미 마 셍.　　　코 레 헨 삥 데 끼 마 스 까?

B 申し訳ありませんが、この洋服はセール商品
모오 시와께 아 리 마 셍　　가,　고 노 요오후꾸 와 세 ー 루 쇼우 힝

なので、払い戻しはできかねます。
나 노 데,　하라 이 모도시 와 데 끼 카 네 마 스.

A 安くて買ったんですが、少し小さいです。
야스꾸 떼 캇　　 딴　　데 스 가,　스꼬시 치이 사 이 데 스.

B 非常に申し訳ございません。
히 죠오 니 모오시 와께 고 자 이 마 셍.

A 환불이 가능한가요?
B 죄송합니다. 이 옷은 할인 제품이라 환불이 안 됩니다.
A 싸서 산 건데 좀 작아요.
B 정말 죄송합니다.

🔊 대화 Tip

본문의 '払い戻しはできかねます'(환불이 안 됩니다.)에서 'できかねます'는 '할 수 있다'를 뜻하는 'できる'와 'かねます'가 결합된 형태이다. 'かねます'의 원형은 'かねる'인데 의미는 '(사정이 있어서) 그렇게 하기 어렵다'는 뜻이고 동사의 ます형과 결합된다.

📖 단어

返品[헨삥] 반품　　洋服[요오후꾸] 양복, 옷　　少し[스꼬시] 조금　　小さい[치이사이] 작다

非常に[히죠오니] 대단히

한 치수 작은 것이 있는지 물을 때

더 작은 것은 있나요?

もっと小さいのはありますか。

못　　또 치이사 이 노 와 아 리 마 스 까?

작은 사이즈는 있나요?

小さいサイズはありますか。

치이사이 사 이 즈 와 아 리 마 스 까?

중간 사이즈는 있나요?

中間サイズはありますか。

츄우 캉 사 이 즈 와 아 리 마 스 까?

＋PLUS　더 큰 것은 있습니까?

もっと大きいのはありますか。

못　　또 오오끼 이 노 와 아 리 마 스 까?

사이즈는 이것뿐입니까?

サイズはこれだけですか。

사 이 즈 와 고 레 다 께 데 스 까?

A ワンサイズ小さいのありますか。
완　사이즈 치이사이 노 아리마스 까?

B 倉庫に行って、ワンサイズ小さい靴が
소우꼬 니 잇 떼, 완　사이즈 치이사이 쿠쯔 가

あるか確かめて来ます。
아루 까 타시까 메 떼 키 마 스.

A ワンサイズくらい小さいのがあったら
완　사이즈 구라이 치이사이 노 가 앗　따라

いいんですが。
이인　데스가.

B ちょうどお求めのサイズが一つございます。
쵸　우도 오모또메 노 사이즈 가 히또 쯔 고자 이마스.

A 한 치수 작은 것 있나요?
B 창고에 가서 한 치수 작은 신발이 있는지 확인하고 올게요.
A 한 치수 정도 작은 것이 있으면 좋겠는데.
B 원하시는 사이즈가 딱 한 켤레 있어요.

🔊 대화 Tip

우리나라에서는 신발을 기본적으로 '265', '250' 등 mm 단위로 표기하지만, 일본에서는 '27.5', '28.0' 등 cm 단위로 표기하기 때문에 이 점 주의하자.

📖 단어

ワンサイズ[완사이즈] 한 사이즈　小さい[치이사이] 작다　倉庫[소우꼬] 창고　確かめる
[타시카메루] 확인하다　求める[모또메루] 원하다　お求めの[오모또메노] 원하시는

A ワンサイズ^{ちい}小さいのはありますか。
완　사 이 즈 치이사 이 노 와 아 리 마 스 까?

B ^{もう}申し^{わけ}訳ありませんが、
모오 시와께 아 리 마 셍　 가,

お^{もと}求めのサイズの^{しょうひん}商品がございません。
오 모또메 노 사 이 즈 노쇼우힝 가 고 자 이 마 셍.

A じゃあ、^{ほか}他の^{いろ}色はありますか。
쟈　 아, 호까 노 이로와 아 리 마 스 까?

B ^{みずいろ}水色のがございますが、
미즈이로노 가 고 자 이 마 스 가,

^{そうこ}倉庫から^も持ってきてお^み見せいたします。
소우 꼬 까 라 못　 떼 키 떼오 미 세 이 따 시 마 스.

- -

A 한 치수 작은 사이즈 있나요?

B 죄송해요, 한 치수 작은 사이즈가 없어요.

A 그러면 다른 색은 있나요?

B 하늘색 상품이 있는데, 창고에서 가져와서 보여 드릴게요.

 대화 Tip

'ございます'는 원형이 'ござる'인데, 이는 'ある'(있다)의 높임말이다.

단어

^{しょうひん}商品[쇼우힝] 상품　　^{ほか}他[호까] 다른 것, 딴 것　　^{みずいろ}水色[미즈이로] 하늘색　　^み見せる[미세루] 보이다,

남에게 보도록 하다

Part 4 서비스

169

48 얼마나 기다려야 하는지 물을 때

대략 얼마나 기다려야 하죠?

<ruby>だいたい</ruby>
大体どれくらいかかりますか。

다이따이 도 레 꾸 라 이 카 까 리 마 스 까?

얼마나 기다려야 하죠?

どのくらい待たなければいけませんか。

도 노 꾸 라 이 마 따 나 께 레 바 이 께 마 셍 까?

앞으로 얼마나 기다리면 되는 거죠?

あとどのくらい待てばいいんですか。

아 또 도 노 꾸 라 이 마 떼 바 이 인 데 스 까?

PLUS 어느 정도 기다려야 합니까?

どのくらい待ちますか。

도 노 쿠 라 이 마 찌 마 스 까?

Tip

'どれくらい'와 'どのくらい' 사이의 의미에서 큰 차이는 없기 때문에 어느 것을 사용해도 지장은 없다.

A そろそろ仕事終わるんですけど、
소 로 소 로 시고또 오 와 룬　데 스 께 도,

このビルの下で待っていてください。
고 노 비 루 노 시따데 맛　떼 이 떼 구 다 사 이.

B どれくらいかかりますか。
도 레 꾸 라 이 카 까 리 마 스 까?

A 十分くらいかかると思います。
줏 뿐 구 라 이 카 까 루 또 오모 이 마 스.

B 分かりました。
와 까 리 마 시 따.

- -

A 제가 곧 퇴근하는데, 건물 아래에서 기다려주세요.

B 얼마나 기다리면 되죠?

A 10분 정도요.

B 알겠어요.

🔊 대화 Tip

아직 시간이 많이 걸립니까?
まだだいぶ時間がかかりますか。
마 다 다 이 부 지 깡 가 카 까 리 마 스 까?

조금 서둘러 주겠어요?
少し急いでくれませんか。
스 꼬 시 이소 이 데 쿠 레 마 셍　까?

📖 단어

そろそろ[소로소로] 슬슬　終わる[오와루] 끝나다　ビル[비루] 건물(빌딩)　下[시따] 아래

待つ[마쯔] 기다리다

Part 4 서비스

Ⓐ あとどれくらい待たなければいけませんか。
아 또 도 레 꾸 라 이 마 따 나 께 레 바 이 께 마 셍　　까?

Ⓑ えっと、三十分くらいはかかると思います。
엣　　또, 산 줏 뿐 구 라 이 와 카 까 루 또 오모 이 마 스.

Ⓐ はい。じゃあ、ゆっくり来てください。
하 이. 쟈　 아, 윳　 꾸 리 키 떼 구 다 사 이.

Ⓑ 分かりました。お待たせしてすみません。
와 까 리 마 시 따. 오 마 따 세 시 떼 스 미 마 셍.

Ⓐ 제가 얼마나 기다려야 하죠?
Ⓑ 음, 30분 정도가 필요하다고 생각됩니다.
Ⓐ 네. 그럼 천천히 오세요.
Ⓑ 알겠어요. 기다리게 해서 죄송해요.

🔊 대화 Tip

'あとどれくらい'(앞으로 얼마나)에서 'あと'는 보통 흔히 '뒤, 뒷일' 정도로 알고 있지만, 'あと + 주로 시간 개념'으로 쓰이면 '앞으로~'라는 용법으로 주로 쓰인다. 아래는 예시문이다.

　　앞으로 두 시간이면 시합이 끝난다.
예) あと2時間で試合が終わる。
　　아 또 니 지 깐 데 시아이 가 오 와 루.

📖 단어

かかる[카까루] 걸리다　ゆっくり[윳꾸리] 천천히

49 가장 빠른 표를 물어볼 때

가장 빠른 것은 몇 시죠?

一番早いのは何時ですか。

이찌 방 하야 이 노 와 난 지 데 스 까?

가장 빠르게 갈 수 있는 것은 몇 시 건가요?

一番早くいけるのは何時のですか。

이찌 방 하야 꾸이 께 루 노 와 난 지 노 데 스 까?

가장 빠른 기차는 몇 시에 출발하죠?

一番早い列車は何時に出発しますか。

이찌 방 하야이 렛 샤 와 난 지 니 슛 빠쯔시마 스 까?

Tip

관련 표현에서 쓰인 '早い'와 '速い'는 동음이의어로, 히라가나 표기는 같지만 뜻은 엄연히 다르다. 전자는 '시간적으로 이르다(빠르다)'는 뜻이고, 후자는 '(동작, 속도 등) 물리적으로 빠르다'는 뜻이다.

ex 가장 빨리 출발하는 기차는 뭐예요?
一番早い列車はなんですか。
이찌 방 하야이 렛 샤 와 난　데 스 까?

ex 가장 (물리적으로) 빠른 기차는 뭐예요?
一番速い列車はなんですか。
이찌 방 하야이 렛 샤 와 난　데 스 까?

A 静岡に行こうとしているんですが、明日の
시즈오까니 이꼬우또시 떼이룬　데스가, 아시따노

朝八時二十分出発の切符一枚ください。
아사하찌 지 니 줏 뿐 슛 빠쯔노 킷 뿌 이찌마이구 다 사 이.

B 今、八時二十分の切符は売り切れております。
이마, 하찌지니 줏 뿐 노 킷 뿌와 우 리 키 레 떼 오 리마 스.

A 一番早いのは何時ですか。
이찌 방 하야이 노 와 난 지 데 스 까?

B 一番早いのは明日の午後二時二十五分に
이찌 방 하야이 노 와 아시따 노 고 고 니 지 니 쥬우고 훙 니

出発する列車です。
슛 빠쯔스 루 렛 샤 데 스.

A 시즈오카를 가려고 하는데, 내일 아침 8시 20분에 출발하는 표 한 장 주세요.

B 지금 8시 20분 표는 매진 됐어요.

A 가장 빠른 것이 몇 시죠?

B 가장 빠른 것은 내일 오후 2시 25분 출발하는 열차입니다.

대화 Tip

'静岡に行こうとしているんですが'(시즈오카를 가려고 하는데)에서 '行こうとしている' 이 문법 표현을 유심히 봐야 한다. '~(お)うとする'(~하려고 하다)' 이 형태의 문법을 만들기 위해서는 1그룹 동사는 마지막 글자를 お단으로 만들고 뒤에 'うとする'를 붙이면 된다.

단어

静岡[시즈오까] 시즈오카　　出発 する[슛빠쯔스루] 출발하다　　切符[킷뿌] 표　　売り切れる

[우리키레루] 매진되다　　列車[렛샤] 열차

A 名古屋行きの一番早い列車は何時ですか。
나고 야 유 끼 노 이찌 방하야이 렛 샤 와 난 지 데 스 까?

B 午後四時半です
고 고 요 지 항 데 스.

A それで行きます。
소 레 데 이 끼 마 스.

B はい。一枚四千五百円です。
하 이.　이찌마이 욘 셍 고 햐꾸엔 데 스.

A 나고야로 가는 가장 빠른 기차는 몇 시죠?
B 오후 4시 30분입니다.
A 그걸로 갈게요.
B 네. 1장에 4500엔입니다.

🔊 대화 Tip

기차역에서 간판에 특정 지명 뒤에 '~行き'라고 붙어 있는 경우를 자주 볼 수 있는데, '~行き'는 우리말로 하면 '~행'이라는 뜻이다.

📖 단어

~行き[유끼] ~행　半[항] 반　それで[소레데] 그걸로　行く[이꾸] 딴 곳으로 움직여 가다

50 어디가 아프다고 할 때

어제 저녁부터 머리도 아팠고, 열도 좀 있습니다.

昨日の夜から頭も痛いし、
키노 우 노 요루 까 라 아따마모 이따이　시,

熱もちょっとあります。
네쯔모 쫏　　또 아 리 마 스.

어제부터 콧물이 나오고, 기침을 합니다.

昨日から鼻水も出て、咳が止まりません。
키노 우 까 라 하나미즈모 데 떼, 세끼가　토 마 리 마 셍.

오늘 아침부터 목도 아프고, 또한 기침도 합니다.

今朝からのども痛いし、咳も出ます。
케 사 까 라 노 도 모 이따이 시, 세끼모 데 마 스.

Tip

우리말로 '목이 아프다'는 표현을 쓸 때는 두 가지 의미로 쓰일 수가 있는데, 기관지가 아프다는 것과 목의 근육 부위가 아프다는 것으로 나눌 수 있다. 실제로 일본어로 '목'을 지칭하는 단어는 두 가지가 있다. '首'와 'のど'인데, 전자는 외부에서 보이는 목이고, 후자는 기관지를 뜻한다.

A どうしました？
도 우시 마 시 따?

B 昨日の夜から頭も痛いし、
키노우 노 요루까 라아따마모이따 이 시,

熱もちょっとあります。
네쯔 모 쫏 또 아 리마 스.

A ちょっとした風邪ですね。
쫏 또시 따 카 제 데 스 네.

B ただの風邪ですよね？ だったら、
타 다 노 카제 데 스 요 네? 닷 따 라,

注射はあまりしたくありません。
츄우 샤 와 아 마 리 시 따 꾸아 리 마 셍.

A 어디가 불편하죠?
B 어제 저녁부터 머리도 아프고, 열도 좀 납니다.
A 평범한 감기네요.
B 단순 감기죠? 그러면 주사는 별로 맞고 싶지 않아요.

대화 Tip

'주사를 맞다'라는 표현은 일본에서 단순히 '注射をする'라고 표현하기도 하지만, '注射を打つ'도 많이 쓰이니 꼭 외워두자.

단어

頭[아따마] 머리 痛い[이따이] 아프다 熱[네쯔] 열 ちょっとした[쫏또시따] 평범한, 대수롭지 않은 風邪[카제] 감기 ただの[타다노] 단순한 注射[츄우샤] 주사

A 昨日の夜から頭も痛いし、
키노우 노 요루 까 라아따마모이따이 시,

A 熱もちょっとあります。
네쯔모 쬿 또아리마스.

B のどに炎症ができて、風邪を引かれてますね。
노 도니 엔쇼우가 데 끼떼, 카제오 히까 레 떼마 스네.

A ひどいですか。
히 도 이 데스 까?

B 大丈夫ですよ。
다이죠우부 데 스 요.

風邪薬と消炎剤を処方いたします。
카 제 구스리또쇼우엔 자이오 쇼 호오이 따 시 마 스.

A 어제 저녁부터 머리도 아프고, 열도 좀 납니다.
B 목구멍에 염증이 생겨서 감기가 걸렸네요.
A 심각한가요?
B 괜찮아요. 제가 감기약하고, 소염제를 처방해드릴게요.

대화 Tip

일본어로 '걸리다'는 표현은 흔히 'かかる'를 쓴다. 그래서 '감기에 걸리다'는 표현도 직역을 하면 '風邪にかかる'라고 쓰기 쉬운데, '감기에 걸리다'는 무조건 '風邪を引く'라고 써야 한다.

단어

炎症[쿠찌오아께루] 염증 ひどい[히도이] 심하다 風邪薬[카제구스리] 감기약 消炎剤[쇼우엔자이] 소염제 処方[쇼호오] 처방

5

의견

자신의 의견 혹은 상대방의 의견에 동의하거나 반대하는 일이 있습니다. 누군가의 의견에 대한 여러 상황의 표현을 정리하였습니다.

51 의견에 동의할 때

당신의 의견에 동의합니다.

<ruby>意見<rt>い けん</rt></ruby> <ruby>同感<rt>どう かん</rt></ruby>

あなたの意見に同感です。

아 나 따 노 이 껜 니 도우 깡 데 스.

당신의 제안에 동의합니다.

あなたの提案に同感です。

아 나 따 노 테이앙 니 도우 깡 데 스.

당신의 계획에 찬성합니다.

あなたの計画に同意します。

아 나 따 노 케이 까꾸 니 도우 이 시 마 스.

PLUS 저도 그렇습니다.

私もそうなんです。

와따시모 소 오 난 데 스.

Tip

'同意'와 '同感'은 각각 '동의'와 '동감'을 뜻한다. 서로 뉘앙스가 살짝 다를 것이라고 생각할 수도 있지만, 사실 실생활에서 쓰일 때는 큰 차이는 없다.

A 山本さんの意見に同感です。
야마모또상　　노 이 껜 니 도우깡 데 스.

B わたしの意見にご同意いただき
와 따 시 노 이 껜 니 고 도우이 이 따 다 끼

ありがとうございます。
아 리 가 또 - 고 자 이 마 스.

A 本当に素晴らしいアイデアだと思いますよ。
혼 또오니 스 바 라 시이아 이 데 아 다 또 오모이 마 스 요.

B お褒めくださり、ありがとうございます。
오 호 메 구 다 사 리　아 리 가 또 - 고 자 이 마 스.

A 야마모토 씨 의견에 동의합니다.
B 제 의견에 동의해 주셔서 감사합니다.
A 정말 훌륭한 아이디어라고 생각해요.
B 칭찬의 말씀 감사합니다.

＋PLUS 저도 그렇게 생각합니다.

私もそう思います。
와따시모 소 오 오모 이 마 스.

전적으로 동감입니다.

まったく同感です。
맛　 따 꾸 도오 깐 데 스.

단어

意見[이껜] 의견　同感だ[도우깡다] 동간이다　素晴らしい[스바라시이] 훌륭하다, 근사하다

アイデア[아이데아] 아이디어　褒め[호메] 칭찬

A わたしは鈴木さんの意見に全く同感です。
와 따 시 와 스즈끼 상 노 이 껜 니 맛따꾸 도우 깡 데 스.

B ただ参考だけしてください。
타 다 산꼬우 다 께 시 떼 구 다 사 이.

A いいでしょう。色んな意見を
이 이 데 쇼 오. 이론 나 이 껜 오

受け入れることが重要ですからね。
우 께 이 레 루 꼬 또 가 쥬우요오 데 스 까 라 네.

B 励ましのお言葉ありがとうございます。
하게마 시 노 오 꼬또바 아 리 가 또 - 고 자 이 마 스.

A 저는 스즈키 씨의 의견에 완전히 동의합니다.

B 그냥 참고만 해주세요.

A 좋아요. 여러 의견을 받아들이는 것이 중요하니까요.

B 격려의 말씀 감사합니다.

🔊 대화 Tip

우리가 '완전히 동의한다'라는 표현을 쓰고 싶을 때 '完全に'(완전히, 완벽히)를 써서 '完全に同感です'라고 표현하고 싶겠지만, 일본어에서는 보통 '완전히 동의한다'는 표현보다 '전적으로 동의한다' 즉, '全く同感です'를 쓰기 때문에 이 점 유의하자.

📖 단어

全く[맛따꾸] 완전히, 전적으로　　参考[산꼬우] 참고　　受け入れる[우께이레루] 받아들이다

重要だ[쥬우요오다] 중요하다　　励ましのお言葉[하게마시노오꼬또바] 격려의 말씀

52 의견에 반대할 때

당신의 의견에 동의하지 않습니다.

あなたの意見に同意しません。

아나 따 노 이 껜 니 도우 이 시 마 셍.

 관련 표현

당신의 생각에 동의하지 않습니다.

あなたの考えに同感しません。

아 나 따 노 캉가 에 니 도우 깡 시 마 셍.

저는 그의 제안을 반대합니다.

わたしは彼の提案に反対です。

와 따 시 와 카레 노 테에앙 니 한 따이 데 스.

PLUS 아뇨, 다릅니다.

いいえ、違います。

이 이 에 치가이 마 스.

┗「いいえ」는 정중하게 부정할 때, 「いや」는 가볍게 부정할 때 쓰인다. 또 「違います」는 단순히 사실과 다르다고 할 때 쓰인다.

A 皆さんはわたしが出した意見について
미나상 와 와따시가 다시따 이 껜니쯔 이떼

どう思いますか。
도 우 오모 이 마 스 까?

B わたしは中田さんの意見には同意できません。
와 따시 와 나까따상 노 이 껜 니 와 도우 이 데 끼 마 셍.

A 同意されない理由は何ですか。
도우 이 사 레 나 이 리유우 와 난 데 스 까?

B 当社がまだそこまでの技術を持っていると
토우 샤 가 마 다 소 꼬 마 데 노 기쥬쯔오 못 떼 이루 또

思わないからです。
오모 와 나 이 까 라 데 스.

- - - - - - - - - -

A 여러분은 제가 낸 의견에 대해서 어떻게 생각하시나요?
B 저는 나카타 씨의 의견에 동의 못합니다.
A 동의하지 않는 이유가 뭐예요?
B 우리 회사가 아직 거기까지의 기술을 가지고 있다고 생각하지 않아서요.

🔊 대화 Tip

'~에 대해서'를 뜻하는 '~について'와 관련돼서 헷갈리는 표현이 몇 가지가 있다. '~対して'(~에 대해서)와 '~に関して'(~에 관해서)인데, '~について'는 우리가 흔히 쓰는 '~에 대해서'의 용법 그대로 쓰면 되고, '~に関して'(~에 관해서)는 살짝 문어체의 느낌이 강하다. '~対して'(~에 대해서)는 '~를 대상으로'라는 의미로 이해하면 된다.

📖 단어

皆[미나] 다, 모두, 전부(みんな의 격식차린 말씨) 意見[이껜] 의견 そこまでの[소꼬마데노] 거기까지의 技術[기쥬쯔] 기술

184

A わたしは橋本さんの意見にちょっと反対です。
와 따 시 와 하시모또 상　노 이 껜 니 쫏　　또 한 따이 데 스.

B 反対の理由は何ですか。
한 따이 노 리 유우 와 난 데 스 까?

A この提案はほぼ実現する可能性が無いと
코 노 테이앙 와 호보 지쯔겡 스 루 카 노우세에 가 나 이 또

思います。
오모 이 마 스.

B じゃあ、もう一度専門家に諮問してみるのは
쟈　아,　모 우 이찌 도 센 몽 까 니 시 몽시 떼 미 루 노 와

どうですか。
도 우 데 스 까?

A 저는 하시모토 씨의 의견에 반대합니다.

B 반대하는 이유는 뭔가요?

A 이 제안은 실현될 가능성이 거의 없는 것 같습니다.

B 그럼 한번 더 전문가에게 자문해보는 것은 어때요?

+PLUS 아뇨, 이제 됐습니다.

いいえ、もう結構です。
이 이 에　모 오 겟 꼬오데 스.

📖 단어

反対[한따이] 반대　提案[테이앙] 제안　ほぼ[호보] 거의　実現する[지쯔겡스루] 실현되다

可能性[카노우세에] 가능성　もう一度[모우이찌도] 한 번 더　専門家[센몽까] 전문가

諮問する[시몽스루] 자문을 구하다

53 의견에 거절할 때

제가 도와주지 못해서 죄송해요.

わたしが力になれなくてごめんなさい。

와 따시 가 치까라니 나 레 나 꾸 떼 고 멘 나 사 이.

제가 당신의 요구에 응할 수 없습니다.

あなたの要求に応えることは

아 나 따 노 요오큐우 니 고따에 루 코 또 와

できません。

데 끼 마 셍.

저도 금전적으로 여유가 없습니다.

わたしもお金に余裕がありません。

와 따시 모 오 까네 니 요 유우 가 아 리 마 셍.

Tip

'手伝う'(돕다)는 누군가가 어떤 작업을 하는 것을 돕는다는 뉘앙스가 강하다.
반면에 예문으로 쓰인 '力になる'(돕다)는 단순히 작업을 도와주는 것을 넘어서
정신적으로나 경제적으로도 도움을 줄 때 많이 쓰인다.
'お金に余裕がある'는 직역하면 '돈에 여유가 있다'는 말인데, 금전적으로 여
유가 있다는 뜻으로 자주 쓰이는 표현이다.

A お役に立てず、すみません。
오 야꾸니 타 떼즈, 스 미 마 셍.

B 大丈夫ですよ。他の人に聞いてみます。
다이죠오 부 데 스 요. 호까 노 히또니 키 이 떼미마 스.

A 山田さんに聞いてみるのはどうですか。
야마 다 상　　니 키 이 떼 미 루 노 와 도 우 데 스 까?

わたしより中国語がうまいですよ。
와 따 시 요리 츄우고꾸고 가 우 마 이 데 스 요.

B 分かりました。
와 까 리 마 시 따.

- -

A 제가 도움이 안 돼서 죄송해요.
B 괜찮아요. 다른 분에게 물어볼게요.
A 야마다 씨에게 물어보는 거 어때요? 저보다 중국어를 잘해요.
B 알겠습니다.

🔊 대화 Tip

'お役に立てず'(도움이 안 돼서)에서 'ず'는 '~ないで'(~않아서)를 줄인 것이다. 그 앞에 오는 표현의 원형은 '役に立つ'(도움이 되다)인데 공손한 표현을 만들기 위해 앞에 'お'가 붙은 것이다.

'わたしより中国語がうまいですよ'(저보다 중국어를 잘해요)에서 'うまい'는 두 가지 뜻이 있다. '맛있다'와 '잘하다'인데, 특히 후자로 쓸 경우 우리말로는 '~를 잘하다'로 쓰기 때문에 조사가 앞에 'を'(을)를 쓸 것이라고 생각하지만, 조사는 'が'(이,가)를 써야 한다.

📖 단어

聞いてみる[키이떼미루] 물어보다　～より[요리] ~보다　中国語[츄우고꾸고] 중국어

うまい[우마이] 잘하다, 맛있다

A わたしが力になれなくて申し訳ありません。
와 따 시 가 치까라니 나 레 나 꾸 떼 모오시 와께아 리 마 셍.

B いえ、本当に大丈夫です。
이 에, 혼 또오니 다이죠오 부 데 스.

A 実は、最近ちょっと金銭的に余裕がなくて。
지쯔 와, 사이낑 쫏 또 킨 센 떼끼니 요 유우 가 나 꾸 떼.

B 分かりました。他の人に頼んでみます。
와 까 리 마 시 따. 호까노 히또 니 타논 데 미 마 스.

A 도움이 되지 못해서 죄송해요.

B 아니요, 정말 괜찮아요.

A 사실 제가 요즘 금전적으로 여유가 없어서요.

B 알겠어요. 다른 사람에게 부탁해볼게요.

PLUS 미안합니다, 제가 쓰려고 생각하고 있습니다.

すみません、自分で使おうと思ってるんです。
스 미 마 셍, 지 분 데 츠까오 오 또오못 떼룬 데 스.

단어

力になる[치까라니나루] 힘이 되다, 돕다　　実は[지쯔와] 사실은　　金銭的に[킨센떼끼니] 금
전적으로　　余裕[요유우] 여유　　頼む[타노무] 부탁하다

54 의견을 물어볼 때

무슨 의견이 있나요?

どんな意見がありますか。

돈 나 이 껭가 아 리 마 스 까?

어떤 생각이 있나요?

何か意見はありますか。

나니 까 이 껭 와 아 리 마 스 까?

어떻게 생각하시나요?

どう思いますか。

도 우 오모이 마 스 까?

PLUS 누구를 추천할까요?

誰を推薦しましょうか。

다레 오 스이센 시 마 쇼 오 까?

A 何か意見はありますか。
なに　い けん

나니까 이 껭 와 아 리 마 스 까?

B 何の意見もありません。
なん　　い けん

난 노 이 껭 모 아 리 마 셍.

A じゃあ、

쟈　　아,

これで来年の業務計画は採択されました。
らいねん　ぎょう む けいかく　さい たく

코 레 데 라이 넨 노 교우 무 케에 까꾸와 사이따꾸사 레 마 시 따.

B 来年の実績が一層上がるといいですね。
らいねん　じっせき　いっそう あ

라 이 넨 노 짓 세끼 가 잇 소우아 가 루 또이 이 데 스 네.

- -

A 어떤 의견이죠?

B 어떤 의견도 없어요.

A 그럼, 이것으로 내년의 업무 계획은 채택되었습니다.

B 내년 실적이 한층 올라가면 좋겠네요.

PLUS 차는 어떻게 드시겠습니까?

お茶はどのようになさいますか。
ちゃ

오 챠 와 도 노 요 오 니 나 사 이 마 스 까?

↳ どのように　어떻게, 어떤 모양(식)으로

 단어

来年[라이넨] 내년　計画[케에까꾸] 계획　採択する[사이따꾸스루] 채택하다　実績[짓세끼]
らいねん　　　　けいかく　　　　　さいたく　　　　　　　　　　じっせき

실적　一層[잇소우] 한층
いっそう

A この件についてどう思いますか。
코 노 켄 니 쯔 이 떼 도 우 오모 이 마 스 까?

B この計画はまたもう一度議論されるべきでは
코 노 케에까꾸 와 마 따 모우 이찌 도 기 롱 사 레 루 베 끼 데 와

ないでしょうか。
나 이 데 쇼 오 까?

A さらに具体的な意見はありますか。
사 라 니 구 타이떼끼 나 이 켕 와 아 리 마 스 까?

B はい。わたしの意見をまとめた報告書を後で
하 이. 와 따 시 노 이 켕 오 마 토 메 타 호오코쿠 쇼 오 아토데

お送りします。
오 오쿠리 시 마 스.

A 이 건에 대해서 어떻게 생각하세요?
B 이 계획은 한 번 더 다시 의논을 해야 하지 않을까요?
A 더욱 구체적인 의견은 있으세요?
B 네, 제 의견을 정리한 보고서를 나중에 보내드릴게요.

PLUS 언제쯤 완성되겠습니까?

いつごろ出来上がりますか。
이 쯔 고 로 데 끼 아가 리 마 스 까?

단어

どう[도우] 어떻게　議論[기롱] 의론, 외논　さらに[사라니] 더욱더　具体的な[구타이떼

끼나] 구체적인　まとめる[마토메루] 정리하다　報告書[호오코쿠쇼] 보고서

55 추천해 달라고 할 때

추천 좀 해주세요.

おすすめとかありますか。
오 스 스 메 또 까 아 리 마 스 까?

제가 결정하지 못했습니다. 적합한 색을 골라주세요.

私が選べないのですが、
와따시가 에라 베 나 이 노 데 스 가,

似合う色を選んでください。
니 아 우 이로 오 에란　데 구 다 사 이.

옷을 골라보세요.

服を選んでみてください。
후쿠 오 에란　데 미 떼 구 다 사 이.

Tip

'추천하다'를 한자어 때문에 '推薦する'를 생각하기 쉽지만 일상생활에서는
おすすめ가 잘 쓰이기 때문에 기억해두자. おすすめメニュー(추천 메뉴),
おすすめパック(추천 패키지) 등이 그 예시이다.

A おすすめとかありますか。
오 스 스 메 또 까 아 리 마 스 까?

B このチェック柄コートが今年の冬、
코 노 체   크 가라코ー   토 가 고또 시 노 후유,

流行るスタイルですよ。
하 야 루 스 따 이 루데 스 요.

A Mサイズありますか。
에무사 이 즈 아 리 마 스 까?

B ありますよ、一度着てみてもいいですよ。
아 리마 스 요, 이치 도 키 떼 미 떼 모 이 이 데 스 요.

A 추천이랄 게 있나요?
B 이 체크 코트가 올 겨울 유행하는 스타일이에요.
A 중간 사이즈 있나요?
B 있어요, 한번 입어 보셔도 됩니다.

🔊 대화 Tip

일본어에서 '의'는 중요하다. 우리말과는 달리 명사와 명사 사이에 の를 쓴다. 예를 들면 우리말로는 '일본어 선생님'인데 일본어로는 '日本語の先生'로 の를 붙이기 때문이다. 본문의 今年の冬(올 겨울)도 같은 맥락이라 할 수 있다.

'~해보다'는 て형의 활용표현인 'てみる'를 사용하면 된다. '~해도 되다'도 마찬가지로 활용표현인 'てもいい'이다.

📖 단어

おすすめ[오스스메] 추천   チェック柄[체크가라] 체크무늬   流行るスタイル[하야루스따이루] 유행하는 스타일   Mサイズ[에무사이즈] 중간 사이즈

A おすすめとかありますか。
오 스 스 메 또 까 아 리 마 스 까?

B これは新しく出たスマホで品質もいいですし、
고 레 와 아따라시꾸데 따 스 마 호 데 힌 시쯔모 이 이 데 스 시,

デザインも綺麗ですよ。
데 자 인　모 키 레에데 스 요.

A じゃあ、見てみてもいいですか。
쟈　아, 미 떼 미 떼 모 이 이 데 스 까?

B 分かりました。
와 까 리 마 시 따.

- - -

A 추천이랄 게 있나요?
B 이것은 새로 나온 스마트 폰이고 품질도 좋고, 디자인도 예쁩니다.
A 그럼 봐도 됩니까?
B 알겠습니다.

📢 대화 Tip

일본에서는 スマートフォン(스마트 폰)을 줄여서 スマホ라고도 한다. 일상생활에서 자주 쓰이는 말이기 때문에 알아두자.

'~하고'라는 병렬 표현으로 '~し'를 사용할 수 있다. 주로 장점의 서술이나 원인/이유를 두 가지 이상 병렬해서 말할 때 사용한다. 본문에서는 장점의 나열을 위해 사용됐다. 동사, 형용사 모두 나열 가능하다.

📖 단어

新しい[아따라시이] 새롭다, 오래지 않다　　**品質**[힌시쯔] 품질　　**見る**[미루] 보다

56 입장을 바꿔 생각하라고 할 때

입장을 바꿔서 생각해보세요.

<ruby>立場<rt>たちば</rt></ruby>を<ruby>変<rt>か</rt></ruby>えて<ruby>考<rt>かんが</rt></ruby>えてみてください。

타치바 오 카 에 떼 캉가 에 떼 미 떼 구 다 사 이.

관련 표현

상대방이 되어 생각해 보세요.

<ruby>相手<rt>あいて</rt></ruby>になって<ruby>考<rt>かんが</rt></ruby>えてみてください。

아이 떼 니 낫　떼 캉가 에 떼 미 떼 구 다 사 이.

상대방의 입장에서 생각해 보세요.

<ruby>相手<rt>あいて</rt></ruby>の<ruby>立場<rt>たちば</rt></ruby>で<ruby>考<rt>かんが</rt></ruby>えてみてください。

아이 떼 노 타치 바 데 캉가 에 떼 미 떼 구 다 사 이.

 **PLUS**　알았어!

<ruby>了解<rt>りょうかい</rt></ruby>!

료오까이!

↳ 「了解(りょうかい)」는 이해하여 납득하는 것을 말하며, 「わかった(알았다)」와 동일한 의미이다. 그러나 「了解」는 「양해」라는 뜻으로도 쓰인다.

A イライラしてたまらないわ！
이 라 이 라 시 떼 타 마 라 나 이 와!

B 誰のせいでそんなに怒ってるの？
다레노 세 에 데 손 나 니 오콧 떼 루 노?

A よく夜遅く戻ってくるの。
요 꾸 요루오소꾸모돗 떼 쿠 루 노.

B 立場を変えて考えると、
타치 바 오 카 에 떼 캉가에 루 또

理解できるかもしれないよ。
리 카이 데 끼 루 까 모시 레 나 이 요.

A 짜증 나 죽겠어!
B 누구 때문에 그렇게 화가 난 거니?
A 자주 늦게 집에 와요.
B 입장을 바꿔서 생각하면 이해될 수도 있어.

대화 Tip

たまらない는 크게 두 가지 의미가 있다. 첫 번째는 긍정적인 뉘앙스로 뭐라고 할 수 없을 정도로 좋다는 것이고, 두 번째는 부정적인 의미로 참을 수 없다는 뜻이다. '참다, 견디다'라는 堪る에서 온 표현이다.

~かもしれない는 '~할지도 모른다'로, 정중한 표현은 ~かもしれません・~かもしれないです로 나타낼 수 있다.

단어

いらいらする[이라이라스루] (말이나 행동이) 상대방의 기분을 건드리다　怒る[오코루] 화내다
立場[타치바] 입장

A そんなことが石田さんにできたらどうか考えて
손　나코또가 이시다 산　니 데 끼 따 라 도우 까 캉가에 떼

みたことはありませんか。
미 따코또와 아 리마셍　까?

B 考えてみたことありません。
캉가에 떼 미 따코또아리마셍.

A どんなことでも立場を変えて考えてみたらどう
돈　나코또데모타찌바오 카에 떼캉가에 떼미 따라도오

ですか。そうすると、相手の方を理解できますよ。
데 스 까? 소오스루 또, 아이떼 노 호오오 리카이데 키 마 스 요.

B 私もそれは分かっています。
와따시모소 레 와 와 깟　떼 이 마 스.

- -

A 그 일이 이시다 씨한테 일어나면 어땠을까 생각해본 적 없어요?

B 그렇게 생각해본 적이 없어요.

A 무슨 일이든 입장을 바꿔 생각을 해보는 게 어때요? 그러면 상대방이 이해돼요.

B 저도 그건 알지요.

🔊 대화 Tip

する의 가능형 표현인 できる는 '点数に大差ができる。'(점수에 큰 차가 생기다)에서와 같이 '(어떤 일, 어떤 것이) 생기다'라는 의미도 가지고 있다. 이러한 의미의 できる에서 나온 명사가 出来事로, '사건, 일'이라는 의미이다.

📖 단어

考える[캉가에루] 생각하다　変える[카에루] 바꾸다　相手[아이떼] 상대방　理解する
[리카이스루] 이해하다

57 세상에는 공짜가 없다라고 할 때

세상에 공짜는 없어요.

世の中にただはないですよ。

요 노 나까니 타 다 와 나 이 데스 요.

세상에는 공짜가 없어요.

世の中にはただはありません。

요 노 나까니 와 타 다 와 아 리 마 셍.

빨리 꿈에서 깨어났으면 좋겠네요!

早く夢から覚めてほしいです！

하야 꾸유메 까 라 사 메 떼 호 시 이 데스!

 Tip

'ただ'에는 두 가지 뜻이 있다. (단지, 공짜)

같은 명사로 쓰이지만 쓰임에 따라 뜻이 완전히 다르니 혼동하지 말자.

ex 저는 단지 여행에 가고 싶은 것뿐입니다.

ぼくはただ旅行に行きたいだけです。

보 꾸와 타 다 료꼬오니 이끼 따 이 다 께 데스.

ex 이 과자는 공짜입니다.

このおかしはただです。

고노 오 까 시 와 타 다 데스.

A 最近、気分がよくないです。
사이 킹, 키 붕 가 요 꾸나 이 데 스.

B どうしたんですか。
도 오 시 딴　데 스 까?

A 私はいつ頃イケメンで、
와따시와 이 쯔 고로 이 케 멘　데,

お金持ちの王子様に会えるでしょうか。
오 카네 모 찌 노 오오 지 사마니　아 에 루 데 쇼　오 까?

B 夢から覚めたらどうですか。
유메 까 라 사 메 따 라 도 오 데 스 까?

世の中にただはないですよ。
요 노 나까니 타 다 와 나 이 데 스 요.

A 최근에 기분이 좋지 않아요.
B 왜요?
A 제가 언제쯤 잘 생기고 돈 많은 백마 탄 왕자님을 만날 수 있을까요?
B 꿈에서 깨어나는 게 어때요? 세상에는 공짜가 없어요.

🔊 대화 Tip

'좋다, 괜찮다'라는 뜻을 가진 いい・よい는 모두 い형용사이다. 전자는 일상 대화에서 많이 사용되며, 후자는 문어체에서 주로 사용된다. 부정, 과거, 과거부정, 연결 등으로 활용 시에는 よい로만 활용 가능한 점을 기억해두자. 따라서 좋지 않다는 よくない로 나타낼 수 있다.

📖 단어

気分[키붕] 기분　頃[고로] 경, 무렵, 쯤　イケメンだ[이케멘다] 잘생기다　持ち[모찌] 가짐,
소유

A 世の中にただなんてありますか。
요노 나까니 타다 난 떼아리마스까?

早く夢から覚めてほしいです！
하야꾸유메까 라사 메떼 호시이 데스!

B 誰の話ですか。
다레노 하나시데 스 까?

A 私の兄です。自分の幸せを
와따시노아니 데 스.　지 붕 노 시아와세 오.

お金で買えるって思ってるんです。
오 카네데 카에 룻 떼 오못 떼룬 데스.

B お兄さんは夢見ることが好きなんですね。
오 니이상　와 유메 미 루 코 또가 스 키 난　데 스 네.

- -

A 세상에 공짜가 어디 있어요? 얼른 꿈에서 깼으면 좋겠어요!
B 누구 말하는 거예요?
A 저희 오빠요. 자신의 행복을 돈으로 살 수 있다고 생각해요.
B 오빠가 꿈꾸는 것을 좋아하는 것 같네요.

🔊 대화 Tip

'~했으면 좋겠다'는 て형의 활용표현인 て형 + ほしい로 표현하면 된다. 이에 대해 'ここに 早く来ててほしい'(빨리 와줬으면 좋겠다), 'ゲーム機を買ってほしい'(게임기를 사줬으면 좋겠다)등을 예문으로 들 수 있다.

📖 단어

夢[유메] 꿈　覚める[사메루] 눈 뜨다　誰[다레] 누구　話[하나시] 이야기, 말　幸せ[시아와세] 행복

나를 데리고 갈 수 있는지 물을 때

저 데리고 갈 수 있어요?

私も連れて行ってもらってもいいですか。

와따시모 츠 레 떼 잇　　떼 모 랏　　떼 모 이 이 데스 까?

관련 표현

절 데리고 같이 여행갈 수 있어요?

旅行に私も連れて行ってもらっても

료 꼬오 니와따시모 츠 레 떼 잇　　떼 모 랏　　떼 모

いいですか。

이 이 데 스 까?

절 데리고 병원에 갈 수 있나요?

私を連れて病院に行ってもらっても

와따시오 츠 레 떼 뵤 잉 니 잇　　떼 모 랏　　떼 모

いいですか。

이 이 데 스 까?

 PLUS　생각해 보겠습니다.

考えておきます。

캉기에 떼 오 끼 마 스.

┗ 상대의 요구에 즉답을 할 수 없을 때 쓰이는 표현으로 「孝(こう)慮(りょ)に入(い)れます(고려하겠습니다)」라고도 한다.

A 私も一緒に行ってもいいですか。
와따시모잇 쇼니잇 떼 모이 이 데 스 까?

B 登山が好きでしたら、連れていけますよ。
토 장가 스키 데시 따라, 츠레 떼이케 마 스 요.

A よかった！明日の何時ですか。
요 캇 따!   아시따 노 난 지 데 스 까?

B 明日、8時に僕の所に来てください。
아시따,   하치지 니 보꾸 노도꼬로니 키 떼 구 다 사 이.

A 나도 함께 가도 돼요?
B 등산하는 것을 좋아하면, 데리고 갈 수 있어요.
A 다행이다! 내일 몇 시요?
B 내일 8시에 저한테 오세요.

대화 Tip

'좋아한다면'이라는 가정, 조건 표현은 ~たら로 표현할 수 있다. 일본어에 가정, 조건 표현은 다양하게 있는데, と・ば・たら・なら가 대표적이다.

단어

一緒に[잇쇼니] 함께, 같이   登山[토장] 등산   好く[스쿠] 좋아하다   連れる[츠레루] 데리고 오다, 거느리다

A 私も行ってもいいですか。
와따시모잇　떼 모이 이데스 까?

B 今回はちょっと…。日本出張中には
콩 까이와 춋　　또.　니 혼 슛쵸오츄우니 와

ショッピングする時間がないんです。
숏 핑 그 스루지깡가 나인　데스.

A それは残念ですね。
소 레 와 잔 넨 데 스 네.

B また今度しましょう。
마 따 콘 도 시 마 쇼 오.

A 나도 가도 돼요?

B 이번에는 좀…. 일본 출장 중에는 쇼핑할 시간이 없어서요.

A 너무 아쉽네요.

B 다음에 하죠.

🔊 대화 Tip

残念에 일대일로 대응하는 우리말 단어는 없다. 그나마 '유감'이라는 의미와 가까운데, 같은 뜻인 것은 아니다. 하지만 일본에서는 일상생활에서 정말 많이 사용되는 말이기 때문에 꼭 기억해두도록 하자. '残念ながら', '残念ですが', '残念なことに'(안타깝게도, 유감스럽게도) 등으로 활용된다.

📖 단어

今回[콩까이] 이번, 금번　ショッピングする[숏핑그스루] 쇼핑하다　今度[콘도] 이 다음

59 친구를 데려가도 되는지 물을 때

제가 친구 한 명 데리고 가려고 하는데 괜찮아요?

友達を連れて行ってもいいですか。

도모다찌 오 츠레 떼 잇   떼 모 이 이 데 스 까?

제가 여자 친구 데리고 갈 건데 괜찮아요?

彼女を連れて行ってもいいですか。

카노 죠 오 츠레 떼 잇   떼 모 이 이 데 스 까?

제가 회사 동료 데리고 갈 건데 괜찮아요?

会社の同僚を連れて行っても

카이 샤 노 도 료 오 츠레 떼 잇   떼 모

いいですか。

이 이 데 스 까?

Tip

'~해도 될까요?'라고 허락을 구할 때 て형의 활용 표현인 'てもいいですか'를 사용한다.

A 友達を連れて行ってもいいですか。
도모다찌오 츠 레 떼 잇   떼 모 이 이 데 스 까?

B もちろんです。大人数のほうがいいですから。
모 찌론   데 스. 오오닌 즈으노 호 오 가 이 이 데 스 까 라.

A じゃあ、
쟈   아,

私の大学の友達を二人連れていきます。
와따시노다이가꾸 노 도모다찌오 후따리 츠 레 테 이 끼 마 스.

B ようこそ！
요 오코 소!

- -

A 제가 친구 데리고 갈 건데 괜찮죠?
B 당연하죠. 사람이 많은 편이 좋으니까요.
A 그럼, 제가 제 대학 동창 두 명을 데리고 같이 갈게요.
B 환영해요!

대화 Tip

'ようこそ'는 상대의 방문에 감사하거나, 환영의 뜻을 나타내는 말이다. 또한, 환영 인사 시 '잘'이라는 뜻으로 쓰일 때도 있다는 것을 알아두자. 예를 들면, ようこそいらっしゃいました・ようこそ、お越しくださいました. 모두 '어서 오십시오, 잘 오셨습니다, 환영합니다'라는 뜻이다.

단어

もちろん[모찌론] 물론　　大人数[오오닌즈으] 인원수가 많음　　大学[다이가꾸] 내학

A 私の友達を連れて行ってもいいですか。
와따시노도모다찌오 츠레떼잇 떼모이이데스 까?

B もちろんいいですよ。
모찌롱 이 이 데 스 요.

A 彼、ギターが本当に上手いんです。
카레, 기 타ー 가 혼 또오니 우 마 인 데스.

B いいですね！
이 이 데 스 네!

A 제가 친구 데리고 갈 건데 괜찮죠?
B 당연히 괜찮죠.
A 그 친구, 기타 정말 잘 쳐요.
B 좋아요!

대화 Tip

うまい라는 표현은 '잘하다'라는 뜻으로도 쓰일 수 있지만 '맛있다'로도 쓰인다.

단어

ギター[기타ー] 기타　上手い[우마이] 잘 하다

확실하게 하는 것이 좋다고 할 때

명확한 것이 좋죠.

はっきりした方（ほう）がいいです。

핫 끼리 시 따 호오가 이 이데 스.

관련 표현

절 데리고 같이 여행갈 수 있어요?

旅行（りょこう）に私（わたし）も連（つ）れて行（い）ってもらっても
료 꼬오 니와따시모 츠레떼 잇 떼 모 랏 떼 모

いいですか。
이 이데 스 까?

절 데리고 병원에 갈 수 있나요?

私（わたし）を連（つ）れて病院（びょういん）に行（い）ってもらっても
와따시오 츠레떼 뵤잉니 잇 떼 모 랏 떼 모

いいですか。
이 이데 스 까?

Tip

～べきだ는 '당연히 ～해야 한다'라는 의미를 가지고 있으며, 동사의 기본형과 결합되어 쓰인다. 이는 현재도 사용되고 있는 고어인 ～べし(～해야 한다)에서 나온 말이다. '～해야 할 일'이라고도 쓰이는데, 이때는 ～べきこと라고 하면 된다. やるべきことは分（わ）かっている(해야 할 일은 알고 있다)를 예문으로 들 수 있다.

A 田中さんはどのチームのファンですか。
다 나까상　와 도 노 치ー　므노환　　데 스 까?

B 私はスワォンチームのファンです。
와따시와수 원　　치ー　므노환　　데 스.

山口さんはどうですか。
야마구찌상　　와 도 오데 스 까?

A 僕はソウルチームですね。じゃあ、
보끄와 소 우 루 치ー　므데스네.　쟈　아,

僕たちはっきりする必要がありますね。
보끄타 치 핫　끼 리 스 루 히쯔요오가 아 리 마 스 네.

B 緊張してますね。
킨 쵸 시 떼 마 스 네.

そこまでする必要ありますか。
소 꼬 마 데 스 루 히쯔요오 아 리 마 스 까?

Ⓐ 다나까 씨는 어떤 팀의 팬이에요?

Ⓑ 저는 수원팀의 팬이에요. 야마구치 씨는요?

Ⓐ 저는 서울팀이요. 그럼 우리 분명히 구분을 해야겠네요.

Ⓑ 긴장하고 있네요. 그럴 필요까지 있어요?

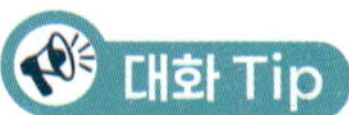 **대화 Tip**

'そこ'는 '거기', 'まで'는 '까지'이기 때문에 'そこまでする'라고 하면 '그렇게까지 한다'라는 의미가 된다.

단어

どの[도노] 어떤, 무슨　ファン[환] 팬　チーム[치ー므] 팀　緊張する[킨쵸스루] 긴장하다

必要[히쯔요오] 필요

A あーあ、最近の世の中は冷たいですね。
아 — 아, 사이 킹 노 요노 나까와 츠메 따 이 데 스 네.

B どういうことですか。
도 오 이 우 코 또 데 스 까?

A 周りの人たちにお金を借りるのも
마와리 노 히또 타 치 니 오 까네오 카 리 루 노 모

簡単じゃありません！
칸 딴 쟈　아 리 마 셍!

B お金に関するのははっきりするべきですよ！
오 카네니 칸 스 루 노 와 핫　끼 리 스 루 베 끼 데 스 요!

A 아이고, 요즘 세상은 차가운 것 같아요!
B 무슨 말이에요?
A 사람들에게 돈 빌리고 싶어도 참 쉽지 않아요!
B 금전 부분에 있어서는 명확히 해야지요!

🔊 대화 Tip

회화에서는 다양한 줄임말이 허용된다. 그 중 하나가 'こと'(일, 것)를 'の'로 줄여 말하는 것이다. 본문에서처럼 '借りること'는 '借りるの'로 줄여 말할 수 있다. 회화의 큰 특징 중 하나이기 때문에 잘 알아 두고 연습하고 써보면 보다 자연스러운 일본어를 구사할 수 있다.

📖 단어

冷たい[츠메따이] 차가운, 차갑디　借りる[카리루] 빌리다　簡単な[칸딴나] 간단한, 쉬운

関する[칸스루] 관한

6

조언

세상을 살다 보면 어려움이 닥칠 때가 많이 있습니다. 혼자만 살아가는 세상이 아니기 때문에 주변 사람들을 통해서 조언을 얻는 경우가 많이 있지요. 누군가에게 조언을 받거나 조언을 할 때 쓸 수 있는 표현을 정리했습니다.

61 부정적인 생각을 하지 말라고 할 때

너무 부정적으로 생각하지 마세요.

あまり否定的に考えない方がいいですよ。

아 마 리 히 떼에 떼끼 니 캉가 에 나 이 호오가 이 이 데 스 요.

너무 비관적으로 생각하지 마세요.

あまり悲観的に考えない

아 마 리 히 칸 테끼 니 캉가 에 나 이

方がいいですよ。

호오가 이 이 데 스 요.

이렇게 생각해서는 안됩니다.

このように考えてはいけません。

코 노 요오니 캉가 에 떼 와 이 케 마 셍.

Tip

～方がいいは '～하는 편이 좋다'이다. 일본에서는 극단적으로 이야기하는 것을 되도록 자제하려고 하기 때문에 이러한 표현이 회화에서는 자주 쓰인다.

A 私、先週面接を受けました。
와따시, 센 슈 멘 세쯔오 우 께 마 시 따.

B 結果はいつ発表されるんですか。
켓 까 와 이 쯔 핫 뽀사 레 룬 데 스 까?

A 明日です、でもうまくいかないと思います。
아시따 데 스, 데 모 우 마 꾸 이 까 나 이 또 오모이 마 스.

B あまり否定的に考えない方がいいですよ。
아 마 리 히 떼에떼끼 니 캉가 에 나 이 호오가 이 이 데 스 요.

A 저 지난주에 면접 봤어요.

B 결과가 언제 발표되나요?

A 내일이요. 근데 잘 안될 것 같아요.

B 너무 부정적으로 생각하지 마세요.

대화 Tip

発表される(발표되다)는 発表する(발표하다)의 수동형 표현이다.

あまり는 '별로, 그다지'라는 뜻으로 뒤에는 부정어가 오는 것을 잊지 말자. あまり好きじゃ
ない(그다지 좋아하지 않다), 雨があまり降らない(비가 별로 오지 않는다) 등을 예로 들
수 있다.

단어

先週[센슈] 지난주   面接[멘세쯔] 면접   受ける[우께루] 치르다   発表される[핫뽀사레루]

발표되다   うまくいく[우마꾸이쿠] 잘 되다

A 僕、週末に泉さんに告白したいです。
보꾸, 슈 마쯔 니이즈미상　니 코꾸하꾸시 따 이 데 스.

B ついに勇気を出したんですね。
쯔 이니 유우끼 오 다 시 딴　데 스네.

A はい、ですが彼女が僕のことが
하 이,　데 스 가 카노죠 가 보꾸노　코 또 가

好きじゃなかったらどうしましょう。
스 키 쟈　나 깟　따 라 도 오 시 마 쇼　오.

B あまり悲観的に考えない方がいいですよ。
아 마 리 히 깐 테끼니 캉가에 나 이 호 오 가 이 이 데 스 요.

幸運を祈ります。
코오 웅 오 이노리 마 스.

- -

A 저 주말에 이즈미 씨한테 고백하고 싶어요.

B 드디어 용기를 냈군요.

A 네, 근데 그녀가 절 좋아하지 않으면 어떡하죠?

B 너무 비관적으로 생각하지 않는 편이 좋아요. 행운을 빌어요.

🔊 대화 Tip

'たらどうしましょう'는 '~하면 어떡하죠'라는 의미이며, 'どうしましょう'만 단독으로 사용하여 '어떻게 하죠?/어떡하죠?'로 쓸 수 있다.

📖 단어

告白する[코꾸하꾸스루] 고백하다　　勇気[유우끼] 용기　　悲観的だ[히깐테끼다] 비관적이다

幸運[코오운] 행운

62 긍정적인 생각을 하라고 할 때

긍정적으로 생각합시다.

前向きに考えましょう。

마에무 끼 니 캉가에 마 쇼　오.

관련 표현

자, 힘을 내요.

さあ、元気を出して。

사 아,　겡 끼 오 다시 떼.

나쁜 일은 얼른 잊어버립시다.

悪いことはさっさと忘れてしまいましょう。

와루 이 코 또 와 삿　사 또 와스 레 떼 시 마 이 마 쇼　오.

Tip

さっさとと는 회화에서 다양하게 활용되는 부사이다. 뜻은 '핵핵, 얼른, 훌훌, 빨리빨리' 정도로 표현할 수 있다. 예문을 들자면 다음과 같다.

ex さっさと歩け。(빨리빨리 걸어라.)

ex 服をさっさと脱ぎすてる。(옷을 훌훌 벗어 던지다.)

ex さっさとやりましょうか。(얼른 할까요?)

대화문 ❶

A 私、先週面接を受けました。
와따시, 센 슈 멘 세쯔오 우 께 마 시 따.

B 結果はいつ発表されるんですか。
켓 까 와 이 쯔 핫 뽀 사 레 룬 데 스 까?

A 明日です、でもうまくいかないと思います。
아시따 데 스, 데 모 우 마 꾸 이 까 나 이 또 오모이 마 스.

B あまり否定的に考えない方がいいですよ。
아 마 리 히 떼에떼끼 니 캉가 에 나 이 호오가 이 이 데 스 요.

A 저 지난주에 면접 봤어요.

B 결과가 언제 발표되나요?

A 내일이요. 근데 잘 안될 것 같아요.

B 너무 부정적으로 생각하지 마세요.

 할게.

するよ。
스 루 요.

とても[토떼모] 대단히, 매우　辛い[츠라이] 괴롭다　結納[유이노오] 예물　一大事[이치다

이지] 큰 일　前向き[마에므끼] 사고방식이 발전적, 적극적임

A 前向きに考えた方がいいですよ。
마에 므 끼 니 캉가에 따 호오가 이 이데 스 요.

B 怒っても無駄なのは知っています。
오콧 떼 모 무 다 나 노 와 싯 떼 이마 스.

A LINEでお互い話し合ってみるのはどうですか。
라인 데 오 따가 이 하나시 앗 떼 미 루 노 와 도 오데 스 까?

B はい、そうしてみます。
하 이, 소 오 시 떼 미 마 스.

- - -

A 긍정적으로 생각하는 것이 좋을 것 같아요.
B 화내도 소용없는 거 알아요.
A LINE으로 서로 이야기를 하면 더 좋지 않을까요?
B 네, 그렇게 해볼게요.

Part 6
조언

🔊 대화 Tip

お互い(서로)라는 말이 앞에 나오고, 뒤에 동사가 오는 경우 合う를 함께 붙여서 쓰는 경우가 많다. 예를 들면 お互い話し合う(서로 얘기하다), お互い支え合う(서로 의지하다), お互い尊重し合う(서로 존중하다) 등처럼 쓰일 수 있다.

📖 단어

怒る[오코루] 성내다, 화내다　無駄な[무다나] 소용없는　お互い[오따가이] 서로

話す[하나스] 이야기하다, 말하다

자신이 한 말에는 책임지라고 할 때

자신이 한 말에는 책임을 져야 합니다.

自分で言ったことには責任を持つべきです。

지 붕 데 잇 　 따 코 또 니 와 세 끼 닝 오 모 츠 베 끼 데 스.

관련 표현

너무 비관적으로 생각하지 마세요.

あまり悲観的に考えない

아 마 리 히 칸 테끼 니 캉가 에 나 이

方がいいですよ。

호 오 가 이 이 데 스 요.

이렇게 생각해서는 안됩니다.

このように考えてはいけません。

코 노 요 오 니 캉가 에 떼 와 이 케 마 셍.

 **PLUS**　너에게 바라는 것은 좀 더 노력하는 것이야.

君にほしいのはもう一歩の努力だ。

기 미 니 호 시 이 노 와 모 오 입 뽀 노 도 료꾸 다.

A どうせこうしなければならないことが決まっ
도 오 세 꼬 오 시 나 케 레 바 나 라 나 이 코 또 가 키 맛

たので責任感を持たなければなりません。
따 노 데 세키닝 깡 오 모 따 나 케 레 바 나 리 마 셍.

B 私はできます。
와따시와데 끼 마 스.

A 覆水盆に返らずです。
후끄스이 본 니 카에라 즈 데 스.

B 私は私の責任が重いことを知ってますし、
와따시와와따시노세키 닝 가 오모이 코 또 오 싯   떼 마 스 시,

最善を尽くします。
사 이 젱 오 츠쿠시 마 스.

A 이 일이 기왕 이렇게 해야 하는 것이 결정됐기 때문에 책임감을 가져야 합니다.

B 저는 할 수 있습니다.

A 엎어진 물은 다시 담을 수 없습니다.

B 저는 저의 책임이 크다는 것을 알고 있고, 최선을 다할 겁니다.

✚ PLUS 좀 더 분발해야 해.

もう少し頑張るべきだ。
모 오 스꼬시 감 바 루 베 끼 다.

📖 단어

どうせ[도오세] 기왕 責任感[세키닝깡] 책임감 覆水盆に返らず[후끄스이본니카에라즈]

엎어진 물은 다시 담을 수 없다 最善を尽くす[사이젱오츠쿠스] 최선을 다하다

A 心配しないでください。
신 빠이시 나 이 데 구다 사이.

自分で言ったことには責任を持ちます。
지붕데 잇 따코 또니 와 세키닝 오 모 찌마스.

B はい、信じています。
하 이, 신 지 떼 이 마 스.

A 山田さんの後押しのおかげで、
야마 다 상 노 아토 오 시 노 오 카 게 데,

もっと自信がわいてきます。
못 또 지 싱 가 와 이 떼 끼 마스.

B 成功をお祈りします。
세이 코오 오 오 이노 리 시 마 스.

- -

A 걱정하지 마세요. 제가 한 말에는 책임을 집니다.

B 네, 믿습니다.

A 야마다 씨의 지지가 있기에 제가 자신이 더 생기네요.

B 성공을 기원합니다.

 멋지군요.

素晴らしいですね。
스 바 라 시 이 데 스 네.

📖 단어

責任を持つ[세키닝오모쯔] 책임을 지다　信じる[신지루] 믿다　後押し[아토오시] 지지

自信[지싱] 자신

64 상황을 보면서 정하자고 할 때

우리 우선 상황을 보고 다시 결정해요.

私たち、まず様子を見てから

와따시타찌, 마 즈 요오스 오 미 떼 까 라

もう一度決めましょう。

모 오 이치 도 키 메 마 쇼 오.

우선 아이쇼핑하고 나서 살지 결정해요.

まずウィンドウショッピングをしてから

마 즈 윈 도 우 숏 핑 그 오 시 떼 까 라

買うか決めましょう。

카 우 까 키 메 마 쇼 오.

몇 군데 더 다녀보고, 이 방으로 할지 다시 결정해요.

何箇所かもっと回ってみて、

난 까 쇼 까 못 또 마왓 떼 미 떼,

この部屋にするか決めましょう。

고 노 헤 야 니 스 루 까 키 메 마 쇼 오.

Tip

'～합시다'라는 제안, 권유 표현은 ます형＋ましょう로 나타낸다.

221

A あなた、もうすぐブラックフライデーなのに
아 나 따, 모오스그브랏 끄후라이데ー 나 노니

一体いつフレンチドアの冷蔵庫買うの？
잇 따이이 쯔 후 렌 치 도 아 노 레에조오 꼬 카 우 노?

B もうちょっと探してみてから決めよう。
모ー 춋 또 사가 시 떼 미 떼 카 라 키 메 요 우.

A とにかく一年に一度だけ半額で買える
토 니 까 꾸 이치 넨 니 이치도 다 께 항 가꾸데 카 에 루

チャンスを見逃したくないわ。
찬 스 오 미 노가시 따 꾸 나 이 와.

B 分かってる！
와 깟 떼 루!

A 여보, 곧 블랙프라이데이인데 우리 도대체 양문 냉장고 살 거예요?

B 좀 더 찾아보고 결정해요.

A 아무튼 1년에 한 번 있는 반 가격에 살 수 있는 기회를 놓치고 싶지 않아요.

B 알고 있어!

 **PLUS** *(권유나 허락의 요구에 긍정할 때)

예, 그렇게 하세요.　　　　　　네, 그렇게 하십시오.

ええ、どうぞ。　　　　　　はい、どうぞ。
에 에 도 오 조.　　　　　하 이　도 오 조.

📖 **단어**

もうすぐ[모오스그] 이제 곧, 머지않아　一体[잇따이] 도대체　冷蔵庫[레에조꼬] 냉장고

探す[사가스] 찾다　とにかく[토니까꼬] 어쨌든　半額[항가꾸] 반액　チャンスを見逃

す[찬스오미노가스] 기회를 놓치다

A どうです？ この部屋、満足ですか。
도 오 데 스?　코 노 헤 야,　만 조꾸데 스 까?

B いいですね。ただ、
이 이 데 스 네.　타 다,

日当たりがちょっと良くないですね。
히 아 따 리 가 촛　또 요 꾸나 이 데 스 네.

A 広くて交通も便利ですし、
히로꾸 떼 코오쯔으모 벤 리 데 스 시,

この値段では買えませんよ。
고 노 네 당 데 와 카 에 마 셍　요.

B 私たち、
와따시타치,

もう少し考えてみてからまた決めましょう。
모 오 스꼬시 캉가에 떼 미 떼 까 라 마 따 키 메 마 쇼.

A 어때요? 이 방 만족해요?
B 괜찮네요. 단지 채광이 좀 좋지 않네요.
A 넓고 교통이 편리하고, 이 가격에서는 살 수 없어요.
B 우리 우선 생각 좀 해보고 다시 결정해요.

✛PLUS 정하기 전에 다시 한번 생각해 보세요.

決める前にもう一度よく考えてみてください。
키 메 루 마에니 모- 이찌도 요꾸 캉가에 떼 미 떼 구 다 사 이.

　↳ ~てみてください: ~해보십시오

📖 단어

怒る[오코루] 성내다, 화내다　無駄な[무다나] 소용없는　お互い[오따가이] 서로

話す[하나스] 이야기하다, 말하다

이미 지난 일은 잊으라고 할 때

이미 지난 일은 잊어요.

過ぎ去ったことは忘れましょう。

스기 삿 따코 또 와 와스레 마 쇼.

좋지 않은 일은 잊어버리세요.

良くないことは忘れましょう。

요 꾸나이 코 또 와 와스레 마 쇼.

재수 없는 일은 잊어버리는 것이 좋겠어요.

運の悪いことは忘れた方が

운 노 와루이 코 또 와 와스레 따 호오 가

いいですよ。

이 이 데 스 요.

PLUS

기꺼이.

喜んで。

요로꼰 데.

↳「よろこんで」는 동사인「よろこぶ」에 접속조사「て」가 이어진 형태로 부사처럼 쓰인다. 즉, 우리말의「기꺼이」의 뜻으로 상대의 요구나 부탁을 즐거운 마음으로 승낙을 할 때 쓰이는 표현이다.

A もう過ぎ去ったことは忘れた方がいいですよ。
모 오 스기 삿 　 따 코 또 와 와스레 따호오가 이 이 데 스 요.

B 6年間付き合ってた初恋のことを
로꾸넹 캉 츠 키 앗 　 떼 따 하츠코이노 코 또 오

忘れるのは簡単じゃないんです。
와스레 루 노 와 간 딴 쟈 　 나 인 　 데 스.

A お盆休みの時に一泊二日で自転車旅行、
오 봉 야스미 노 토끼니 잇 빠꾸후츠 카 데 지 뗀 샤 료 꼬오,

どうです？
도 오 데 스?

B いいですね！私も気分転換したいです。
이 이 데 스 네! 　 와따시모 키 붕 뗑 깡 시따 이 데 스.

A 지난 일은 잊어버리는 것이 좋겠어요.

B 6년을 사귄 첫사랑을 잊어버리는 것이 쉽지 않아요.

A 추석 연휴를 이용해서 1박 2일로 자전거 여행 어때요?

B 좋아요! 저도 기분을 전환하고 싶네요.

+PLUS　말씀하신 대로 하겠어요.

おっしゃるとおりにします。
옷 샤 　 루토오리니시마스.

┗ 상대의 요구나 제안 따위를 분부대로 따르겠다고 말할 때 쓰이는 표현으로서,
「〜とおりに」는 다른 말에 접속하여 「〜대로」의 뜻을 나타낸다.

단어

忘れる[와스레루] 잊어버리나　付き合う[츠키아우] 사귀다　初恋[하츠코이] 첫사랑
気分転換[키붕뗑깡] 기분 전환

A あなた、私たちの家がこうやって
아 나 따, 와따시타 찌 노 이에 가 코오 얏 떼

水の泡になっちゃったの？
미즈노 아와니 낫 챳 따 노?

B 過ぎ去ったことは忘れてしまおう。
스 기 삿 따 코 또 와 와스레 떼 시 마 오 오.

A でも、私は気分がよくないわ。
데 모, 와따시와 키 붕 가 요꾸나 이 와.

B その方が僕たちにとっていいからだよ。
소 노 호오 가 보끄타 찌 니 톳 떼 이 이 까 라 다 요.

- -

A 여보, 우리 집이 이렇게 물거품이 된 거예요?
B 이미 지난 일은 잊어버려요.
A 그렇지만 저는 기분이 좋지 않아요.
B 그러는 게 우리에게 좋아서 그래.

📢 대화 Tip

'~에게 있어서'는 にとって로 표현할 수 있다.

📖 단어

水の泡になる[미즈노아와니나루] 물거품이 되다　こと[코또] 일, 것　でも[데모] 그럴지라도,

그럴더라도　気分[키붕] 기분

66 좀 더 생각해 보자고 할 때

우리 좀 더 생각해봐요.

私たち、もう少し考えてみましょう。

와따시타 찌, 모 오 스꼬 시 캉가 에 떼 미 마 쇼 오.

우리 다시 잘 생각해 봐요.

私たち、もう一度だけ考えてみましょう。
와따시타 찌, 모 오 이찌 도 다 께 캉가 에 떼 미 마 쇼.

다시 한번 잘 생각해 보세요.

もう一度よく考えてみてください。
모 오 이찌 도 요 꾸 캉가 에 떼 미 떼 구 다 사 이.

 PLUS   알겠습니다.

かしこまりました。
가 시 꼬 마 리 마 시 따.

A このことはこうやって決^きまりました。
고 노 코 또 와 코오얏　떼 키 마 리 마 시 따.

B 私^{わたし}たち、もう一度^{いち ど}だけ考^{かんが}えてみましょう。
와따시타찌,　모 오이찌 도 다 께 캉가 에 떼 미 마 쇼.

A 何^{なに}をまた考^{かんが}えるんですか。
나니 오 마 따 캉가에 룬　데 스 까.

B 家^{いえ}を買^かうことは重要^{じゅうよう}なことですから、
이에오 카 우코 또 와 쥬우요오나 코 또데 스 까 라

慎重^{しんちょう}に考^{かんが}えないと。
신 쵸오니 캉가 에 나 이 또.

A 이 일은 이렇게 정해졌어요.
B 우리 다시 더 생각해 봐요.
A 뭘 또 생각해요?
B 집을 사는 것은 중요한 일이니까 신중하게 생각을 해야지요.

📢 대화 Tip

ない형 + と = ~해야지(요)

일반적으로 ない형에 と가 붙으면 '~하지 않으면'이라는 뜻이 되지만 회화에서 'ない형 + と' 표현이 문장 맺음말로 쓰이면 '~해야지(요)'로 쓰인다.

빨리 밥 먹어야지.
예) 早^{はや}くごはん食^たべないと。
하야쿠고 항　타 베 나 이 또

📖 단어

決^きまる[키마루] 정해지다, 결정되다　もう[모오] 더, 이 위에 또　一度^{いち ど}[이찌도] 한 번, 한차례
慎重^{しんちょう}に[신쵸오니] 신중하게

A 私たち、もう一度考えてみます。
와따시타찌, 모 오이찌도 캉가에 떼미 마스.

B 若者たちの起業はどんなことを選ぶかが
와까모노 타 치 노 키 쿄오와 돈 나 코 또오 에라브 까 가

とても重要ですよ。
도 떼 모 쥬우요오 데 스 요.

A そうですね。帰ってから友達ときちんと
소 오데 스 네. 카엣 떼 까 라 도모다찌토 키 친 또

話し合った後、またお答えします。
하나시 앗 따 아또, 마 따 오 고따에 시 마 스.

B 分かりました。また会いましょう。
와 까 리마 시 따. 마 따 아 이마 쇼 오.

- **A** 저희 다시 생각해 볼게요.
- **B** 젊은이들이 창업을 할 때 어떤 것을 선택하는지가 매우 중요해요.
- **A** 맞아요, 돌아가서 친구와 잘 상의를 하고 난 후에 다시 답 드릴게요.
- **B** 그래요, 다음에 다시 보길 바랍니다.

PLUS 언제 가까운 시일에 또 만납시다.

またいずれちかいうちにまた会いましょう。
마 따 이 즈 레 치 까 이 우 찌 니 마 따 아 이 마 쇼 오.

 단어

起業[키쿄오] 창업　選ぶ[에라브] 선택하다　話し合う[하나시아우] 상의하다　お答えする

[오고따에스루] 답을 드리다

67 건강 조심하라고 할 때 1

건강을 주의하세요.

お体にお気を付けてください。
오 까라다니 오 키 오츠케 떼구 다 사 이.

겨울인데 감기 조심하세요.

冬ですので、
후유데스 노 데,

風邪に気を付けてください。
카 제 니 키 오 츠 께 떼구다사이.

안전에 주의하세요.

安全に注意してください。
안 젠 니 츄우이 시 떼구다 사 이.

Tip

風邪와 風는 둘다 발음이 같지만 절대 혼동해서는 안 된다. 전자는 '감기'이고 후자는 '바람'이다.

A もしもし、せな！冬なんだから、
모 시 모 시, 세 나! 후유난 다 까 라,

風邪に気を付けて。
카 제 니 키 오 츠 케 떼.

B うん、時間って速いわ！
응, 지 깐 떼 하야이 와!

あっという間に年末だなんて。
앗 또이우 마 니 넨 마쯔 다 난 떼.

A そうね、時の流れは止められないわ。
소 오 네, 토끼노 나가레 와 토 메 라 레 나 이 와.

B お母さん、年も取ってるから健康に
오 까아 상, 토시모 돗 떼 루 까 라 켕 꼬오니

気を付けて、大変なことはしないでね。
키 오 쯔 께 떼 타이헨 나 코 또 와 시 나 이 데 네.

A 여보세요, 세나! 겨울인데 감기 조심해.

B 응, 시간이 정말 빠르네! 눈 깜짝할 새에 연말이 왔어.

A 그러게, 시간은 멈출 수가 없으니까.

B 엄마, 나이도 많으신데 건강 조심하고, 피곤한 일은 하지 마.

대화 Tip

우리나라의 가족 문화와 달리 일본에서는 가족끼리 존댓말을 사용하지 않고 모두 반말을 사용한다.

단어

忘れる[와스레루] 잊어버리다   付き合う[츠키아우] 사귀다   初恋[하츠코이] 첫사랑
気分転換[키붕뗑깡] 기분 전환

A 海外での一人暮らしなんだから、
카이가이데 노 히또리 구 라시난 다 까 라,

体に気を付けるのよ！
카라다니 키 오 쯔 께 루 노 요!

B お母さん、自分でちゃんと気を付けるから。
오 까아 상, 지 붕 데 찬 또 키 오 츠 께 루 까 라.

A 何かあったら電話するのよ、
나니 까 앗 따 라 뎅 와 스 루 노 요,

一人でくよくよしないで。
히또리 데 쿠요 쿠요시 나 이 데.

B うん、お父さん、お母さんも体に気を付けて！
응, 오 또오 상, 오 까아상 모 까라다니 키 오 츠 께 떼!

....

A 해외에 나가서 혼자 생활하는데 꼭 건강을 주의해야 돼!
B 엄마, 스스로 잘 관리할게.
A 무슨 일 있으면 전화하고, 혼자서 끙끙거리지 말고.
B 응, 아빠, 엄마도 건강 조심하시고요.

🔊 대화 Tip

'～ないで'는 일반적으로 문장 중간에 쓰일 때 '～하지 않고'라는 의미로 쓰이지만, 문장 맺음말로 쓰이면 '～하지마'처럼 명령문에 가까운 어조로 쓸 수 있다.

📖 단어

海外[카이가이] 해외 一人暮らし[히또리구라시] 자취, 혼자서 생활하는 것 くよくよする
[쿠요쿠요스루] 끙끙대다

68 건강 조심하라고 할 때 2

건강 조심하세요.

お体にお気を付けください。

오 카라다니 오 키 오 쯔 께 구 다 사 이.

관련 표현

건강이 제일입니다.

健康が一番ですよ。

켕 꼬오 가 이치 방 데 스 요.

정신 건강도 중요합니다.

心の健康も大事です。

코꼬로노 켕 꼬오 모 다이 지 데 스.

 일찍 자고 일찍 일어나는 것이 건강의 비결입니다.

早寝早起きは健康の元です。

하야 네 하야 오 끼 와 겡 꼬오 노 모또 데 스.

233

A お体にお気をつけください。
오 카라다니 오 키 오 쯔 께 구 다 사이.

B ありがとうございます。僕のことは心配
아 리가 또ー 고 자 이 마 스. 보꾸노 코 또 와 신 빠이

しないでください。着いたら電話しますね。
시 나 이 데 구 다 사 이. 츠 이 따 라 뎅 와 시 마 스 네.

A 分かりました。お気をつけて。
와 까 리 마 시 따. 오 키 오 츠 케 떼.

B 時間があればいつでも遊びに来てください。
지 캉 가 아 레 바 이 쯔 데 모 아소비 니 키 떼 구 다 사 이.

- -

A 건강 조심하고요.

B 고맙습니다. 저 걱정하지 마세요. 도착하면 전화할게요.

A 알겠어요. 조심히 들어가세요.

B 시간이 되면 언제든지 놀러 오세요.

🔊 대화 Tip

ます형 + には '~하러'라는 표현이다.

てください는 て형의 활용 표현으로, '~해주세요, ~하세요'라는 의미이다.

📖 단어

心配する[신빠이스루] 염려하다　着く[츠쿠] 도착하다　いつでも[이쯔데모] 언제라도, 어느

때라도　遊ぶ[아소부] 놀다

A こんなに遠くまで会いに来てくれてありがとう。
콘 나 니 토오꾸마 데 아이 니 키떼 쿠레떼 아리가 또 –.

B 先生は僕が最も尊敬している先生ですから、
센 세에 와 보꾸가 못또 모 송 케에시떼 이 루 센 세에데 스 까 라,

当然です。
토오 젠 데 스.

A 気をつけて帰ってね。
키 오 츠 케 떼 카엣 떼 네.

B お大事になさってください。
오 다이 지 니 나 삿 떼 구다 사 이.

A 이렇게 멀리까지 보러 와서 고마워!

B 선생님은 제가 가장 존경하는 선생님이니까 당연한 거죠.

A 돌아갈 때 길 조심하고.

B 몸조리 잘 하세요.

Part 6
조언

➕ PLUS 몸조리 잘하세요.

どうぞお大事に。
도 오 조 오 다이 지 니.

📖 단어

遠く[토오꾸] 먼 곳, 멀리 　最も[못또모] (무엇보다도) 가장 　尊敬する[송케이스루] 존경하다

69 새치기하지 말라고 할 때

새치기하지 마세요.

割^わり込^こまないでください。

와 리 꼬 마 나 이 데 구 다 사 이.

이곳은 공공장소이기 때문에, 큰 소리로 떠드시면 안돼요.

ここは公共^{こうきょう}の場^ばですから、

고 꼬 와 코오 쿄오 노 바 데스 까 라,

大^{おお}きな声^{こえ}で騒^{さわ}がないでください。

오오 끼 나 코에 데 사와 가 나 이 데 구 다 사 이.

흡연을 하지 마세요.

タバコを吸^すわないでください。

타 바 코 오 스 와 나 이 데 구 다 사 이.

Tip

이유를 나타낼 때에는 から, ので 등을 사용할 수 있다. 전자는 보다 주관적 이유, 후자는 객관적 이유를 나타낼 때 사용된다.

A 割り込まないでください！
와 리 꼬 마 나 이 데 구 다 사 이!

B すみません、さっきトイレに行ってきたんです。
스 미 마 셍,　　삿　끼 토 이 레 니 잇　떼 키 딴　　데 스.

A そうだったんですね。どうもすみません。
소 오 닷　딴　　데 스 네.　도 오 모 스 미 마 셍.

B 大丈夫ですよ。
다이 죠오 부 데 스 요.

A 새치기하지 마세요!
B 죄송해요, 제가 방금 화장실 갔었어요.
A 그랬군요! 죄송합니다.
B 아닙니다.

🔊 대화 Tip

'どうもすみません'(죄송합니다)에서 どうも는 すみません을 강조해주는 표현으로, '정말' 정도로 해석할 수 있다. 'どうもありがとうございます'(참으로 고맙습니다), 'どうも失礼しました'(매우 실례했습니다) 등 다양한 표현에 사용될 수 있다. 이외에도 '어쩐지, 아무래도'라는 의미도 가지고 있다는 것도 알아두자. 예를 들면, 'どうもおかしい'(아무래도 이상하다), 'どうも様子が変だ'(어쩐지 상태가 이상하다), 'どうも熱があるらしい'(아무래도 열이 있는 것 같다) 등이 있다.

📖 단어

割り込む[와리꼬무] 새치기하다　　さっき[삿끼] 아까, 조금 전　　トイレ[토이레] 화장실

A あの、前の方、割り込まないでくださいよ！
아 노, 마에노 카따, 와 리 꼬 마 나 이 데 구 다 사 이 요.

B 本当に良心もないですね！
혼 또오니 료오심 모나 이 데 스 네!

聞こえないふりをして。
키 꼬 에 나 이 후 리 오 시 떼.

A 僕が一言言ってきます。
보꾸가 히또코또 잇 떼 끼 마 스.

B いいです、いいです、あんなにマナーも
이 이 데 스, 이 이 데 스, 안 나 니 마 나ー 모

身に着けてない人がいるなんて。
미 니 츠 케 떼 나 이 히또가 이 루 난 떼.

- -

A 저기요, 앞의 분, 새치기하지 마세요!

B 정말 양심도 없네요! 못 들은 척하고 있어요.

A 제가 한마디하고 올게요.

B 됐어요, 됐어요, 저렇게 매너가 몸에 안 밴 사람이 있다니.

🔊 대화 Tip

동사 기본형 + ふりをする는 '~하는 척하다'이다. 대표적인 표현이 知らないふり／知らんぷりをする가 있다. 두 표현 모두 '알면서도 모르는 체하다, 시치미떼다'라는 뜻이다. 한편 후자는 회화에서만 쓰이는 표현이다.

📖 단어

方[카따] 쪽, 편   良心[료오심] 양심   一言[히또코또] 한 마디 말   マナー[마나ー] 매너

着ける[츠케루] 대다, 갖다 붙이다

70 갑자기 말하다가 주제를 벗어났을 때

삼천포로 빠졌어요.

ほんだい　　とお
本題から遠ざかりました。

혼 다이까 라 토오자 카 리 마 시 따.

삼천포로 빠졌어요. 주제에 대해 이해를 하지 못했네요.

ほん　だい　　　とお
本題から遠ざかりましたよ。

혼 다이 까 라 토오자 카 리 마 시 따요.

　　　　　　　り　かい
テーマが理解できていませんね。

테- 마 가 리 까이 데 키 떼이 마 셍　 네.

삼천포로 빠졌어요. 알고 있나요?

ほん　しつ　　　はず　　　　　し
本質から外れましたよ。知っていますか。

혼 시쯔카 라하즈레 마 시 따요. 싯　 떼이 마 스 까?

＋PLUS　　잘 모르겠어요.

　　　　　　わ
よく分からないのです。

요꾸와 까 라 나 이 노 데 스.

Tip

しお
遠ざかる: 멀어지다

A 先生、僕の書いたレポート、いかがでしたか。
센 세에, 보꾸노 카 이 따 레포- 또, 이 까 가 데 시 따 까?

B あまり良くなかったわ。
아 마 리 요꾸나 깟 따 와.

本題から遠ざかってたよ。
혼 다이까 라 토오자 캇 떼 따 요.

A そうですか。
소 오 데 스 까?

B テーマが理解できていなかったよ。
테- 마 가 리 까이데 키 떼 이 나 깟 따 요.

A 선생님, 제가 쓴 작문 어때요?

B 그다지 좋지 않았어. 주제를 벗어났어.

A 그래요?

B 주제를 이해하지 못했어.

🔊 대화 Tip

'いかがですか'를 직역하면 '어떠십니까'라는 뜻이 되는데, 'どうですか'(어때요?) 보다는 더욱 공손한 표현으로 통한다.

📖 단어

レポート[레포-또] 리포트　　本題から遠ざかる[혼다이까라토오자카루] 주제를 벗어나다

テーマ[테-마] 주제

A 社長、今日の会議での私の発表、
샤 쵸오, 쿄오 노 카이 기 데 노 와따시노 핫 뽀오,

いかがだったでしょうか。
이 까 가 닷 따 데 쇼 오 까.

B 木村さんはどうだったと思います？
키 무라상 와 도 오 닷 따 또 오모이 마 스?

A まだまだだと思います。
마 다 마 다 다 또 오모이 마 스.

B 本質からちょっと外れていたかな。
혼 시쯔까 라 촛 또 하즈 레 떼 이 따 까 나.

A 사장님, 오늘 회의에서의 발표 어떠셨는지요?
B 키무라 씨 생각은 어땠나요?
A 아직 부족한 부분이 많은 것 같습니다.
B 본질에서 좀 벗어났던 것 같네.

Part 6 조언

🔊 대화 Tip

일본어에는 겸손한 표현들이 많다. 예를 들어, 만약 '日本語上手ですね。'(일본어 잘 하시네요.)라고 칭찬을 받은 경우에는 보통 손사레를 치며 'いいえ、まだまだです…。'(아니에요. 아직 멀었어요.)라고 표현하는 경우가 대부분이다.

📖 단어

社長[샤쵸오] 사장　会議[카이기] 회의　発表[핫뽀오] 발표　本質[혼시쯔] 본질

7

일상

일상생활을 하다 보면 많은 일들을 겪게 됩니다. 때로는 기쁘고 즐겁고, 때로는 힘들고 우울한 일상을 보내기도 합니다. 일상에서 자주 쓰는 표현을 정리해보았습니다.

71 위로해 줄 때

파이팅, 분명 잘될 거야.

がんば
頑張って。きっと上手く行くよ。

감 밧 떼. 킷 또우마꾸 이꾸요.

관련 표현

괜찮아, 힘내. 분명 잘될 거야.

だいじょうぶ がんば うまい
大丈夫、頑張って。きっと上手く行くよ。

다이 죠오부, 감 밧 떼. 킷 또우 마꾸 이꾸요.

괜찮아, 파이팅! 꼭 잘될 거야.

だいじょうぶ ぜったい うまい
大丈夫、ファイト! 絶対に上手く行くよ。

다이 죠-부, 화 이또! 젯 따이니 우 마꾸 이꾸요.

PLUS 자, 힘을 내요.

げんき だ
さあ、元気を出して。

사 아, 겡 끼오 다시떼.

Tip

'ファイト'라는 표현은 일본어로 '파이팅'인데, 실제로 우리나라에서 응원할 때 '파이팅'이라는 말을 쓰듯이 일본에서도 'ファイト'라는 표현을 많이 사용한다.

A 今回の面接、また落ちた。どうしよう…。

콘 까이노 멘 세쯔, 마 따 오 치 따. 도 오 시 요오…

B 私も就活するとき、

와따시모슈우카쯔스 루 토 끼,

面接7, 8回受けてからやっと受かったよ。

멘 세쯔나나,하치까이우 께 떼 까 라 얏 또 우 깟 따 요.

A 本当？

혼 또오?

B 本当。頑張って! 絶対に上手く行くよ。

혼 또오. 감 밧 떼! 젯 따이니 우 마 꾸이 꾸요.

A 이번 면접에 또 떨어졌어. 어떡하지….
B 나도 취직 준비할 때 면접 7, 8번 하고 나서 겨우 붙었어.
A 정말?
B 정말이야. 파이팅! 꼭 잘될 거야.

Part 7 일상

🔊 대화 Tip

どうしよう는 '어떡하지'라는 의미이다. 한편, どうしようもない는 '어쩔 수 없다, 속수무책이다'라는 표현이다. どうしようもないんじゃない？(어쩔 수 없는 거 아니야?)라는 문장이 회화에 자주 쓰인다.

📖 단어

面接[멘세쯔] 면접　就活[슈우카쯔] 취업 준비　絶対に[젯따이니] 반드시

A 大丈夫。頑張って。きっと上手く行くよ。
다이죠오 부. 감 밧 떼. 킷 또우 마꾸 이 꾸요.

B でも、私、ずっと失敗してばかりいるよ。
데 모, 와따시, 즛 또 싯 빠이 시 떼 바 까 리 이 루요.

A 仕事は見つからなくてもいいよ。
시 고또 와 미 츠 까 라 나 꾸떼 모이 이 요.

B あなたが私のことを慰めてくれるのはよく
아 나 따 가와따시노 코 또 오나구사메 떼 쿠 레 루 노 와 요꾸

分かっているわ。ありがとう、いつも。
와 깟 떼 이루와. 아 리가 또─, 이 쯔 모.

- -

A 괜찮아. 힘내. 분명 잘될 거야.
B 그렇지만 난 실패만 계속하고 있는걸.
A 일 못 찾아도 괜찮아.
B 당신이 날 위로해주는 거 잘 알아. 항상 고마워.

🔊 대화 Tip

ばかり의 의미는 굉장히 다양하다. 동사 기본형 + ばかりだ는 '~하기만 하다, ~하기만 하면 된다'이며, 동사 과거형 + ばかりに는 '~한 탓에, ~한 바람에'라는 의미이다. 그리고 て형 + ばかりいる가 바로 본문에 쓰인 '~하기만 하다'라는 표현이다.

📖 단어

頑張る[감바루] 참고 노력하다　きっと[킷또] 꼭, 반드시　失敗[싯빠이] 실패　慰める
[나구사메루] 위로하다

72 어디가 아픈지 물을 때

어디가 불편하신가요?

どこか悪いんですか。
わる

도 꼬 까 와루인　데 스 까?

어디가 아프시죠?

どこが痛いですか。
いた

도 꼬 가 이따 이 데 스 까?

왜 그러는데요?

どうしたんですか。

도 오 시 딴　데 스 까?

 **PLUS**　어디 편찮으세요?

ご気分でも悪いですか。
き ぶん　　わる

고 키 분 데 모 와루인 데 스 까?

Tip

'왜 그러는데요?'라는 표현을 할 때에는 '왜'를 직역한 'なんで'가 아닌 'どうしたんですか。'를 써야 한다. 회화에서 많이 쓰이는 표현이지만 그만큼 헷갈리는 표현이니 자연스럽게 나오게 암기하도록 하자.

A どうしたんですか。
도 오 시 딴　데 스 까?

B お医者さん、私、昨日の夜から吐きそうで、
오 이 샤 상,　　와따시, 키 노오노 요루까 라 하 키 소 오 데,

吐き気がするんです。
하 키 케 가 스 룬　　데 스.

A 血液検査をした方がいいですね。
케츠에끼켄 사 오 시 따 호오가 이 이 데 스 네.

腸炎の可能性が高いです。
쵸오 엔 노 카 노오세에가 타까이 데 스.

B え、そうなんですか。
에,　소 오 난　　데 스 까?

- -

A 어디가 불편하시죠?

B 의사 선생님, 저 어제 저녁부터 토할 것 같고, 구역질이 나요.

A 혈액 검사를 하러 가는 편이 좋겠군요. 장염일 가능성이 높습니다.

B 아, 그렇습니까?

🔊 대화 Tip

'~일 가능성이 높다'라고 할 때 '~の可能性が高い'라고 표현하며, 조사는 の를 쓴다는 것을 기억해두자.

📖 단어

吐き気[하키케] 구역질　血液検査[케츠에끼켄사] 혈액 검사　腸炎[쵸엔] 장염　可能性

[카노오세에] 가능성

A どこか 悪（わる）いの?

도 꼬 까 와루이 노?

B お母（かあ）さん、僕（ぼく）、頭（あたま）が痛（いた）いし、寒気（さむけ）もする。

오 까아상, 보꾸, 아따마가 이따 이 시, 사무 케 모 스 루.

A 風邪（かぜ）ひいちゃったみたいね。

카 제 히 이 챳 따 미 따 이 네.

とりあえず薬（くすり）を飲（の）もう。

토 리 아 에 즈 쿠스리오 노 모 오.

B うん、分（わ）かった。

응, 와 깟 따.

- -

A 어디 불편하니?

B 엄마, 나, 머리도 아프고 오한이 있어.

A 감기인 거 같네. 우선 감기약 먹자.

B 응, 알겠어.

대화 Tip

우리말로는 '약을 먹는다'라고 표현하기 때문에 일본어로 표현할 때 薬（くすり）を食（た）べる로 혼동하기 쉽다. 그러나 이는 잘못된 표현이며, 일본에서는 薬（くすり）を飲（の）む라고 표현한다는 것을 잊지 말자.

단어

痛（いた）い[이따이] 아프다　寒気（さむけ）がする[사무케가스루] 오한이 있다　とりあえず[토리아에즈] 우선

薬（くすり）を飲（の）む[쿠스리오노무] 약을 먹다

 **73** 특별한 날에 무엇을
하는지 물을 때

주말에는 무엇을 하시나요?

<ruby>しゅうまつ</ruby> <ruby>なに</ruby>

週末は何をしますか。

슈-마츠 와 나니오 시 마 스 까?

휴가 때 무엇을 하시나요?

休みの日には何をしますか。

야스미 노 히 니 와 나니오 시 마 스 까?

주말에는 평소에 어떻게 보내시나요?

普段、週末はどう過ごしますか。

후 당, 슈-마츠 와 도 오 스 고 시 마 스 까?

 PLUS 주말은 어떻게 보낼 예정입니까?

週末はどうすごすつもりですか。

슈우마쯔 와 도 오 스 고 스 쯔 모 리 데 스 까?

Tip

휴일, 휴가 등을 통틀어 休みの日라고 하는 것이 자연스럽다.

A 普段、週末はどう過ごしますか。
ふ だん　しゅうまつ　　　　　す
후　당, 슈우마쯔와　도 오 스 고 시 마 스　까?

B 僕は週末に運動をします。
ぼく　しゅうまつ　　うん どう
보꾸와 슈우마쯔 니　운 도오 오 시 마 스.

A どんな運動ですか。
うん どう
돈　　나 운 도오 데 스 까?

B 登山が好きなんです。
と ざん　　す
토 장 가 스 끼 난　　데 스.

A 평소에, 주말은 어떻게 보내세요?
B 저는 주말에 운동을 해요.
A 무슨 운동이요?
B 등산하는 것을 좋아해요.

🔊 대화 Tip

일본어에서 동사의 현재형은 현재의 동작, 가까운 미래, 그리고 습관 혹은 반복되는 일을 나타낸다. 본문처럼 평소 주말에 하는 습관을 현재형으로 묻고 대답할 수 있다.

📖 단어

普段[후당] 평상시, 평소　　どう[도오] 어떻게　　過ごす[스고스] 보내다　　運動[운도오] 운동
ふ だん
す
うん どう

登山[토잔] 등산
と ざん

A 週末は何をしますか。
슈- 마쯔와 나니오 시 마 스 까?

B 子供の面倒を見たり、
코 도모노　멘 도오 오 미 따 리,

家族みんなで散歩をしたりします。
카 조끄민　　　나 데 산 뽀 오 시 따 리시마 스.

A 優しいお父さんなんですね！
야사시 이 오 또오상　난　데 스 네!

B とんでもないです。ははは!
톤　데모나이데스.　하 하 하!

A 주말에 뭐하세요?
B 아이들을 돌보거나 가족이랑 산책을 가요.
A 자상한 아빠네요!
B 과찬이시네요. 하하하!

 **대화 Tip**

'~하거나 ~한다.'라고 나열할 때에는 ~たり를 쓴다.

📖 단어

子供の面倒を見る[코도모노멘도오오미루] 아이를 돌보다　散歩[산뽀] 산책　優しい

[야사시이] 자상한

74 시간과 장소를 정하라고 할 때

시간과 장소를 정해주세요.

じかん　ばしょ　き
時間と場所を決めてください。

지 캉 또 바 쇼 오 키 메 떼 구 다 사 이.

어디서 볼지 정해주세요.

あ　　　　き
どこで会うか決めてください。

도 꼬 데 아 우 까　키 메 떼 구 다 사 이.

어디서 놀지 정해주세요.

あそ　　　き
どこで遊ぶか決めてください。

도 꼬 데 아 소 브 까 키 메 떼 구 다 사 이.

Tip

て형 + ください는 '~해주세요'라는 표현이다.

み　　　　　　　　　　　　　　　　あ
시람을 만날 때에는 見る(보다)가 아닌 会う(만나다)를 사용해야 하는 것에 주의하자.

み　　　　　　　　あ
ex 어디서 볼지 → どこで見るか(X) どこで会うか(O)

253

A　週末にどこで会えばいいでしょうか。
슈우마쯔니 도 꼬 데 아 에 바 이 이 데 쇼 오 까?

B　時間と場所を決めてくれますか。
지 깐 또 바 쇼 오 키 메 떼 쿠 레 마 스 까?

A　じゃあ、近郊にひつまぶしでも
쟈 아, 킨 꼬오 니 히 쯔 마 부 시 데 모

食べに行きます？
타 베 니 이 끼 마 스?

B　いいですね、
이 이 데 스 네,

栄養たっぷりのひつまぶしを食べましょう。
에에요우 탓 뿌 리 노 히 쯔 마 부 시 오 타 베 마 쇼.

A　주말에 어디에서 만나면 될까요?
B　시간과 장소를 정해줄 수 있어요?
A　그럼 우리 근교에 히쯔마부시라도 먹으러 갈까요?
B　좋아요, 영양도 풍부한 히쯔마부시를 먹읍시다.

🔊 대화 Tip

'~하러'라는 표현은 ます형 + に로 표현할 수 있다. 예를 들면, 勉強しに(공부하러), 遊び에(놀러), 映画を見に(영화 보러) 등으로 나타낼 수 있다.

ひつまぶし는 먹는 방법이 독특한 장어 덮밥으로, 일본 나고야의 향토요리이다.

📖 단어

場所[바쇼] 장소　決める[키메루] 정하다, 결정하다　近郊[킨꼬오] 근교　でも[데모] ~라도
栄養[에이요우] 영양　たっぷり[탓뿌리] 듬뿍

A 今回の自由旅行、
콩 까이노   지 유우 료 꼬오,

時間と場所は田中さんが決めてくださいね。
지 깐 또 바 쇼 와 다 나까상   가 키 메 떼 구 다 사 이 네.

B 今週の週末はどうですか。
콘 슈우 노 슈우마쯔 와 도 오 데 스 까?

A いいですよ、
이 이 데 스 요,

実家だったら宿泊費は節約できますよ。
짓 까 닷   따 라 슈쿠하쿠 히 와 세츠야꾸데 끼 마 스 요.

B 秋に故郷に帰ると美しい風景を
아키 니 후루 사토니 카에 루 또우츠쿠시이   후우케에오

見られますよね。
미 라 레 마 스 요 네.

A 이번 자유여행 시간하고 장소는 다나카 씨가 정하세요.

B 이번 주말 어때요?

A 좋아요, 부모님 댁에 가면 숙박비는 절약할 수 있을 거예요.

B 가을에 고향에 가면 아름다운 풍경을 감상할 수 있죠.

대화 Tip

と는 '~하면'이라는 의미의 가정, 조건을 나타내는 표현이다. 見られます(볼 수 있습니다)
는 見る(보다)의 가능형이다.

단어

自由旅行[지유우료꼬오] 자유여행   宿泊費[슈쿠하쿠히] 숙박비   節約する[세츠야꾸스루]
절약하다   美しい風景[우츠쿠시이후우케에] 아름다운 풍경

Part 7 일상

75 시간과 장소 정할 때

내일 저녁 7시에 집 근처 카페에서 만나요.

明日の夜７時に家の近くの

아시따 노 요루 시찌지 니 이에 노 치카 꾸 노

カフェで会いましょう。

카 훼 데 아이 마 쇼 오.

난바역 근처 스타벅스에서 만나요.

難波駅近くのスタバで会いましょう。

난 바 에끼 치카 꾸 노 스 타 바 데 아 이 마 쇼 오.

저희 집 근처에 찻집이 새로 생겼는데, 거기서 보는 거 어때요?

うちの近くに新しい喫茶店ができたん

우 치 노 치카 꾸 니 아따라시 이 킷 사 뗑 가 데 끼 딴

ですけど、そこで会うのはどうですか。

데 스 께 도, 소 꼬 데 아 우 노 와 도 오 데 스 까?

PLUS 주말은 어떻게 보낼 예정입니까?

週末はどうすごすつもりですか。

슈우마쯔 와 도 오 스 고 스 쯔 모 리 데 스 까?

일본에서는 スターバックス를 줄여서 スタバ라고도 한다.

256

A 何時にどこで会いましょうか。
난 지 니 도 꼬 데 아 이 마 쇼 오 까?

B 明日の夜7時に山田さんの家の近くの
아시따 노 요루시찌지 니 야마 다 상 노 이에노 치카꾸 노

カフェで会いましょう。
카 훼 데 아 이 마 쇼 오.

A 分かりました、そうしましょう。
와 까 리 마 시 따, 소 오 시 마 쇼 오.

B また明日！
마 따 아시따!

A 우리 몇 시에 어디서 볼까요?
B 내일 저녁 7시에 야마다 씨 집 근처 커피숍에서 봐요.
A 알겠어요. 그렇게 합시다.
B 낼 봐요!

 대화 Tip

일본어에는 다양한 헤어짐의 인사 표현이 있다. またね、じゃあね、バイバイ、さようなら 등이다. またね、じゃあね、バイバイ는 평상시에 자주 보는 관계에서 가벼운 헤어짐의 인사로 쓰인다. 반면 さようなら는 당분간 보지 못하거나 먼 곳으로 떠나는 등의 상황인 상대에게 쓴다.

📖 단어

近くの[치카꾸노] 부근, 근처　　カフェ[카훼] 카페, 커피숍　　また明日[마따아시따] 내일 봐요

A 僕たち、いつ会いますか。
보꾸타 찌, 이 쯔 아 이 마 스 까?

B うちの近くに新しいカフェができたんですけど、
우치 노 치카꾸 니 아따라시이 카 훼　가 데 키 딴　　데스 께도,

すごく雰囲気がいいんですよ。
스 고 꾸 훙 이 끼 가 이 인　　데 스 요.

A じゃあ、明日の夜7時に大竹さんの家の
쟈　 아, 아시따　노 요루시찌지 니 오오타케상　　　노 이에 노

近くのカフェで会いましょう。
치카쿠 노 카 훼　　데 아 이 마 쇼 오.

B はい、そうしましょう。
하 이, 소 오 시 마 쇼　오.

- **A** 우리 언제 볼까요?
- **B** 우리 집 근처에 커피숍이 새로 생겼는데 엄청 분위기가 좋아요.
- **A** 그럼, 우리 내일 저녁 7시에 오오타케 씨 집 근처 커피숍에서 봐요.
- **B** 네, 그렇게 합시다.

대화 Tip

'만나다'라는 의미를 나타낼 때에는 見る가 아닌 会う를 사용한다. 예를 들어, '보고 싶다'라는 표현은 일본어로 会いたい라고 표현한다. 또한, 우리말로는 '~를 만나다'라고 하여 조사 を를 쓰기 십상이지만, ~に会う가 맞는 표현이다. 또한, 会う와 合う도 혼동하기 쉬운데, 전자는 어떤 대상을 만나는 것이고, 후자는 '들어맞다, 맞아 떨어진다'와 같은 의미이다.

단어

いつ[이쯔] 언제, 어느 때　うち[우치] 집　新しい[아따라시이] 새로운　雰囲気[훙이키]
분위기

76 불만을 표시할 때

저는 당신의 태도가 불만스럽습니다.

私はあなたの態度に不満です。

와따시와 아 나 따 노 타이 도 니 후 망 데 스.

저는 당신의 태도에 의견이 있습니다.

私はあなたの態度について

와따시와 아 나 따 노 타이 도 니 쯔 이 떼

話したいことがあります。

하나 시 따 이 코 또 가 아 리 마 스.

저는 당신의 태도에 대해 불만스러운 부분이 있습니다.

私はあなたの態度に不満な

와따시와 아 나 따 노 타이 도 니 후 망 나

ところがあります。

토 꼬 로 가 아 리 마 스.

PLUS *(불만스러울 때 자신도 모르게 나오는 소리)

첫.　　　　　　　　　　　아뿔싸.

ちえっ。　　　　あっ、しまった。

첫.　　　　　　　　　앗, 시 맛 따.

A どうしてずっと電話に出ないんですか。
도 오 시 떼 줏   또 뎅 와 니 데 나 인   데 스 까?

B 森下さんと話すことなんてありません。
모리시따 상   또 하나스 코 또 난   떼 아 리 마 셍.

A 僕が一体何を間違えたんですか。
보꾸 가 잇 따이나니오 마치가 에 딴   데 스 까?

B このことに対する森下さんの
고 노 코 또 니 타이스 루 모리시따 상 노

態度に不満です。
타이도 니 후 망 데 스.

A 왜 이렇게 계속 전화를 안 받아요?
B 모리시타 씨와 할 말 같은 건 없어요.
A 제가 도대체 무엇을 잘못했나요?
B 이 일에 대한 모리시타 씨의 태도에 불만이에요.

🔊 대화 Tip

~なんて는 '~라고는, ~따위' 라는 말로 부정적인 뉘앙스를 나타낼 때 쓰는 표현이다.

📖 단어

どうして[도-시떼] 어째서, 왜   ずっと[즛또] 쭉   話す[하나스] 이야기하다, 말하다
間違える[마치가에루] 잘못하다   態度[타이도] 태도   不満[후망] 불만

A 田中さんの態度に不満なところがあります。
다 나까 상　노 타이도 니 후 망 나 도 꼬 로 가 아 리 마 스.

B 怒らないで、問題があるなら言ってください！
오꼬라 나 이 데, 몽 다이가 아 루 나 라 잇　떼 구 다 사 이!

A 何が問題だと思います？
나니 가　몽 다이 다 또 오모 이 마 스?

B 分からないから聞いているんですよ。
와 까 라 나 이 까 라 키 이 떼 이 룬　데 스 요.

A 다나카 씨 태도에 불만스러운 점이 있어요.
B 화내지 말아요, 문제가 있으면 말해줘요!
A 뭐가 문제인 것 같아요?
B 제가 모르니까 물어보는 거죠.

+PLUS　이제 더 이상 참을 수 없어.

もうこれ以上耐えられないよ。
모 오 고 레 이 죠오 다 에 라 레 나 이 요.

📖 단어

態度[타이도] 태도　ところ[도꼬로] 데, 곳　怒る[오코루] 화내다　問題[몽다이] 문제

言う[이우] 말하다　聞く[키쿠] 묻다

77 기분이 좋지 않다고 표현할 때

저는 요즘 기분이 좋지 않아요.

私は最近、気分がよくないんです。

와따시와 사이 낑, 키 붕가 요 꾸나인 데 스.

저는 요즘 좀 짜증나는 일이 있습니다.

私は最近、少しむかつくことがあります。

와따시와 사이 낑, 스꼬시무 카 츠끄코또가 아 리마스.

절망적인 기분이야.

絶望的な気分だ。

제쯔보오 떼끼 나 기 분 다.

 PLUS 나는 쭉 슬픔에 잠겼어.

私はずっと悲しみにくれている。

와따시와 즛 또 카나 시 미 니 구레 떼 이 루.

Tip

‘むかつく’는 ‘짜증나다’라는 뜻인데, ‘화나다’를 뜻하는 ‘怒る’와는 엄연히 뉘앙스가 다르기 때문에 주의하자.

Ａ どうして<ruby>何<rt>なに</rt></ruby>も<ruby>言<rt>い</rt></ruby>わないんですか。
도 오시 떼 나니모 이 와 나인 데스 까?

Ｂ <ruby>最近<rt>さいきん</rt></ruby>、<ruby>気分<rt>きぶん</rt></ruby>がよくないんです。
사이 낑, 키 붕 가 요꾸나인 데스.

Ａ どうしたんですか。
도 오시 딴 데 스 까?

Ｂ <ruby>彼女<rt>かのじょ</rt></ruby>と<ruby>別<rt>わか</rt></ruby>れたんです。
카노 죠 또 와까 레 딴 데스.

Ａ 왜 아무 말도 안 해요?
Ｂ 요즘 기분이 좋지 않아요.
Ａ 무슨 일인데요?
Ｂ 여자 친구랑 헤어졌어요.

＋PLUS 가슴이 찢어지는 아픔이었어.
<ruby>胸<rt>むね</rt></ruby>が<ruby>張<rt>は</rt></ruby>り<ruby>裂<rt>さ</rt></ruby>ける<ruby>思<rt>おも</rt></ruby>いだった。
무네 가 하 리 사 께 루 오모 이 닷 따.

얼마나 무정한가!
なんと<ruby>無情<rt>むじょう</rt></ruby>な!
난 또 무 죠오 나!

 **단어**

<ruby>彼女<rt>かのじょ</rt></ruby>[카노죠] 여자 친구   <ruby>別<rt>わか</rt></ruby>れる[와까레루] 헤어지다

A 気分がよくなさそうですね。
키 붕가 요꾸나 사소오데스네.

B はい、実は最近ちょっとむかつく
하이, 지쯔 와 사이 낑 촛 또무 까 츠 크

ことがあるんです。
코 또가 아룬 데 스.

A 私がお助けしましょうか。
와따시가오 타스 케 시 마 쇼 오 까?

B 仕事に関することなので…。
시 고또니 칸 스 루 코 또나 노 데…

A 기분이 좋지 않아 보이네요.
B 네, 실은 요즘 짜증나는 일이 있어서요.
A 제가 들어줄까요?
B 업무 관련 일이라….

➕PLUS 내 마음은 아무도 몰라.

私の心の内を誰にもわからない。
와따시노고꼬로노우찌 오 다레니 모 와 까 라나 이.

📖 단어

むかつく[무까츠크] 짜증 나는, 열 받는　助ける[타스케루] 도와주다　仕事[시고또] 일

78 기분이 좋다라고 할 때

저 요즘 기분이 좋아요.

私、最近気分がいいです。

와따시, 사이 낑 키 붕 가 이 이데 스.

어머, 기뻐.

まあ、うれしい。

마 아, 우 레 시 이.

왜 그렇게 기분이 좋아요?

どうしてそんなに気分がいいんですか。

도 오 시 떼 손　나 니 키 붕 가 이 인　 데 스 까?

 PLUS　됐다!

やったあ！

얏　 따 아!

↳ 목표를 달성했거나 성공을 거둔 일에 대해서 감동을 나타내는 표현이다. 상대
에게 말할 때는 「よくやったね」라고 하면 된다.

A 今日気分がよさそうですね！
쿄오 키 붕가 요사소오데스네!

B 最近、気分がいいです。
사이 낑, 키 붕가 이 이데스.

A どうしてそんなに気分がいいんですか。
도오시떼손 나니키 붕가이인 데스 까?

B 僕の彼女がついに僕のプロポーズに
보꾸노 카노죠 가 쯔이 니 보꾸노프로포- 즈니

答えてくれたんです。
고따에 떼 쿠레 딴 데스.

A 오늘 기분이 좋아 보이네요!
B 요즘 기분이 좋아요.
A 왜 그렇게 기분이 좋아요?
B 제 여자 친구가 드디어 저의 청혼에 답을 해줬어요.

🔊 대화 Tip

상대방이 나에게 무언가 해주었을 때의 '~해주다'는 'て형 + くれる(주다)'로 표현한다.
ついには '드디어, 마침내'라는 뜻으로 자주 사용되는 접속사이다.

📖 단어

そんなに[손나니] 그렇게　ついに[츠이니] 드디어, 마침내, 결국　プロポーズ[프로포-즈]
프러포즈, 청혼　答える[고따에루] 답하다

266

A 私、最近気分がいいです。
와따시, 사이 낑 키 붕 가 이 이 데 스.

B 何かいいことがあったんですか。
나니 까 이 이 코 또 가 앗 딴 데 스 까?

教えてください！
오시에 떼 구 다 사 이!

A 昇進したんです。給料も上がりました！
쇼오 신 시 딴 데 스. 큐우료오 모 아 가 리 마 시 따!

B 本当ですか。おめでとうございます！
혼 또오데 스 까? 오 메 데 또오고 자 이 마 스!

A 저 요즘 기분이 좋아요.
B 무슨 기분 좋은 일이 있어요? 알려주세요!
A 저 승진했어요. 월급도 올랐어요!
B 정말요? 축하해요!

 **PLUS** 그거 다행이군요.

それはよかったですね。
소 레 와 요 깟 따 데 스 네.

단어

教える[오시에루] 가르치다　昇進する[쇼오신스루] 승진하다　給料[큐−료−] 월급

上がる[아가루] 오르다

맞장구칠 때

맞습니다!

そうです！
소 오 데 스!

관련 표현

맞습니다! 저도 그렇게 생각해요.

そうです！ 私もそう思います。
소 오 데 스!　와따시모 소 오 오모이 마 스.

당신 말이 맞아요.

あなたの言う通りです。
아 나 따노 이 우 토오 리 데 스.

Tip

～通りは 원래 '～대로'라는 뜻이다. 위의 예문에 나온 言う通り도 직역하면 '말하는 대로'이다.

ex 주의 사항은 여기 적힌 대로이다.
注意事項はここに書かれた通りだ。
츄우이 지코오 와고꼬 니 카카 레 따토오 리 다.

注意事項 주의 사항　書かれる 쓰여지다

A 最近、泉さんもっときれいになりましたよね。
사이 낑, 이즈미상　못　또키레 에 니 나 리 마 시 따 요 네.

B 私もそう思いました！
와따시모 소 오 오모이　마 시 따!

恋愛してるんじゃないですか。
렝 아이시 떼 룬　쟈　나 이 데 스 까?

A そのようですね。
소 노 요오 데 스 네.

B 今度、泉さんに聞いてみましょう。
콘 도, 이즈미산　니 키 이 떼 미 마 쇼　오.

A 요즘 이즈미 씨 더 예뻐지지 않았어요?
B 저도 그렇게 생각해요! 연애하는 거 아닌가요?
A 그런 것 같네요.
B 다음에 이즈미 씨한테 물어봅시다.

🔊 대화 Tip

'~해지다'는 부사 + なる로 표현하면 된다. 부사는 형용사로부터 만들면 되는데, な형용사는 な 대신 に를, い형용사는 い 대신 く를 쓰면 된다.

예) 彼は有名になりました。(그는 유명해졌습니다.)

値段が高くなりました。(가격이 비싸졌습니다.)

📖 단어

もっと[못또] 더, 더욱, 좀더　きれい[키레에] 예쁨　そう[소오] 그렇게, 그리

A 大学生は就職がもっと大変です！
다이 각 세에와 슈우쇼쿠 가 못 또 타이헹 데 스!

B 中小企業に関心を持つのもいいと思います。
츄우쇼오 키 교오니 칸 신 오 모 쯔 노 모 이 이 또오모이 마 스.

A 就職が大変な理由のうち一つが基準や
슈우쇼쿠 가 타이 헹 나 리 유우노 우 찌 히토쯔 가 키 쥰 야

目標が高すぎるからだと思います。
모꾸효오가 타까 스 기 루 까 라 다 또오모이 마 스.

B ほとんどの若者たちが苦労せずにお金をたく
호 똔 도 노 와까모노타 치 가 쿠 로오세 즈 니 오 까네오 타 쿠

さん稼げる仕事を探そうとしているんですよね。
상 카세게 루 시 고또 오 사가 소 오 토 시 떼 이 룬   데 스 요 네.

- -

A 대학생은 취업이 점점 더 어려워요!

B 중소기업에 관심을 갖는 것도 괜찮다고 생각해요.

A 취업이 힘든 이유 중 하나가 기준이나 목표가 너무 높아서인 것 같아요.

B 대부분의 젊은이들이 고생하지 않고 돈을 많이 버는 직업을 찾으려고 하는 거지요.

대화 Tip

~すぎる는 '지나치게 ~하다, 너무 ~하다'라는 의미로 부정적인 뉘앙스를 가진 표현이다.
이로 인해 생긴 명사 표현이 飲み過ぎ(과음), 食べ過ぎ(과식) 등이 있다.

단어

就職[슈-쇼쿠] 취업 苦労する[쿠로-스루] 고생하다 お金を稼ぐ[오까네오카세구]

돈을 벌다

# 80 화낼 때

정말 화나요.

本当に腹立ちます。

혼 또오 니 하라 다 치 마 스.

정말 화나요. 오늘 계장님께 혼났어요.

本当に腹立ちます。
혼 또오 니 하라 다 치 마 스.

今日係長に怒られました。
쿄오 카카리쵸오 니 오코 라 레 마 시 따.

화나요. 올해도 승진 못했어요.

腹立ちます。
하라 다 치 마 스.

今年も昇進できませんでした。
코또 시 모 쇼오 신 데 키 마 셍 데 시 따.

Tip

怒られる는 怒る의 수동형이다. 怒る는 '화내다'라는 1그룹 동사이기 때문에 뒤가 られる가 된다. '혼나다'의 다른 단어로는 叱られる도 있다. 이의 원형인 叱る는 '야단치다, 꾸짖다'라는 뜻이기 때문에 부모님이나 선생님께 혼나는 느낌이 강하다.

A 本当に腹立ちます！
ほんとう　はらだ
혼 또오니 하라 다 찌 마 스!

B どうしたんですか。
도 오시 딴　데 스 까?

A 大谷係長のことですよ。
おおたにかかりちょう
오오타니카카리쵸오노 코 또 데 스 요.

B 私が見たところ、
わたし　み
와따시가 미 따 토 꼬 로,

鈴木さんのこと好きなんじゃないですか。
すずき　す
스즈키 상　노 코 또 스 끼 난　쟈　나 이 데 스 까?

A 정말 화나요!
B 무슨 일이에요?
A 오타니 계장님 말이예요.
B 제가 봤을 때, 스즈키 씨를 좋아하는 것 아니에요?

대화 Tip

일본에서는 '대리'라는 직급을 사용하지 않는다. 또한, 우리나라에서 직급 뒤에 '님'을 붙이는 것과는 달리 일본에서는 아무리 높은 직급이더라도 '님'을 붙이지 않는다.

단어

腹立ち[하라다치] 화냄, 성냄, 노함　　係長[카카리쵸오] 계장
はらだ　　　　　　　　　　　　　　　　かかりちょう

A 腹立ちます！
하라 타 치 마 스!

B どうしてそんなに怒っているんですか。
도 오시 떼 손　나 니 오콧　떼 이 룬　데 스 까?

A 僕が苦労して書いた報告書をチーム長から
보꾸가 쿠 로오시 떼 카 이 따 호오코쿠 쇼 오 치─　므 쵸오 까 라

また書いてくるように言われました。
마 따 카 이 떼 쿠루 요 오 니 이 와 레 마 시 따.

B ちょっと気難しいタイプなんですね。
춋　　또 키무즈까시 이 타 이 프 난　　데 스 네.

A 화나요!
B 뭐 때문에 그렇게 화났어요?
A 제가 고생해서 쓴 보고서를 팀장님이 다시 쓰라고 했어요.
B 그가 좀 까다로운가 보네요.

🔊 대화 Tip

'~하도록'이라는 말은 '~ように'로 표현할 수 있다. 예를 들어, '공부하도록'은 '勉強するように', '읽도록'은 '読むように'로 표현할 수 있다.

📖 단어

苦労する[쿠로오스루] 고생하다　報告書[호오코쿠쇼] 보고서　気難しい[키무즈까시이]

까다롭디

81 짜증날 때

맞습니다!

そうです！
소 오 데 스!

이제 진저리가 나요.

もう、うんざりですよ。
모 오, 운 자 리 데 스 요.

더는 못 참아.

もう我慢できない。
모 오 가 만 데 키 나 이.

+PLUS 너는 도대체 무슨 생각을 하는 거니!

君はいったい何を考えているんだ！
키 미 와 잇 따 이 나니오 캉가에 떼 이 룬 다!

ㄴ 상대가 엉뚱한 생각을 한다거나 일을 잘못하여 실수를 할 때 화를 내면서 책망을 하는 표현이다.

 Tip

더는 못 참겠다는 표현이 위의 예문 말고도 'もう限界だ'라는 표현도 많이 쓰인다. 직역을 하면 '이제는 한계다'라는 뜻이며, 말 그대로 한계에 직면해서 더 이상은 못 참겠다는 뜻이다.

A 期末テスト、全部レポートになっちゃった。
키 마츠테 스 또, 젠 부 레 포– 또니 낫 챳 따.

B え、私は試験とレポート二つともあるよ。
에, 와따시와 시 켕 또 레 포– 또 후따츠 토 모 아 루 요.

むかつく！
무 카 츠 쿠.

A 大変だな。テスト終わったら遊びに行くか。
타 이 헹 다 나. 테 스 또 오 왓 따 라 아소비 니 이 꾸 까?

B いいね！
이 이 네!

- -

A 기말시험, 전부 리포트로 바뀌었어.

B 어? 나는 시험이랑 리포트 둘 다 있어. 짜증나!

A 힘들겠다. 시험 끝나면 놀러 갈래?

B 좋아!

🔊 대화 Tip

편한 사이에서 동사로 끝나는 질문은 동사의 기본형에 끝음만 물어보듯이 올려주면 된다.

📖 단어

期末テスト[키마츠테스또] 기말고사　レポート[레포–또] 리포트　試験[시켕] 시험

大変[타이헹] 큰 변고(나쁜 의미의), 큰일　終わる[오와루] 끝나다

A もう我慢できない！
모 오가 망데 끼나 이!

B どうしたんだ？
도 오시 딴　다?

A 妹がまた勝手に私の服着て行ったの。
이모오또가마따　캇 떼 니 와따시노 후꾸 키 떼 잇　따 노.

B 見た目に関心の多いときだからじゃない？
미 따 메 니 칸 신 노 오오이 토 끼 다 까 라 쟈　나 이?

A 더는 못 참아!
B 왜 그래?
A 여동생이 또 멋대로 내 옷을 입고 갔어.
B 외모에 관심 많을 때라 그런 거 아니야?

🔊 대화 Tip

勝手는 '멋대로'라는 뜻을 가지고 있다. 앞에 自分을 붙인 自分勝手는 '이기적, 제멋대로'라는 뜻이다. 예를 들면, '自分勝手な行動はやめて'(제멋대로인 행동은 그만해)처럼 사용할 수 있다.

見た目는 겉모습, 눈에 비치는 모습을 말하며 회화에서 자주 쓰이는 단어이므로 기억해두자. 겉모습이 보기 좋지 않을 경우에는 '見た目が悪い'(보기에 좋지 않다, 볼품없다)라고 표현한다.

📖 단어

我慢する[가망스루] 참다　　妹[이모오또] 누이동생　　勝手に[캇떼니] 멋대로　　服[후꾸] 옷

見た目[미따메] 외모

82 싸울 때

왜 그렇게 이기적이에요?

どうしてそんなに自分勝手なんですか。

도 오시 떼 손　나니 지 붕 캇 떼 난　데 스 까?

왜 약속을 안 지켜요?

なんで約束を守らないんですか。

난　데 야꾸 소꾸 오 마모 라 나 인　데 스 까?

왜 말한 대로 하지 않아요?

なんで言う通りにしないんですか。

난　데 이 우 토오 리 니 시 나 인　데 스 까?

 PLUS　바보 취급하지 마!

ばかにするな!

바 까 니 스 루 나!

↳「ばか」는「바보, 얼간이」라는 뜻으로「ばかにする」는 바보처럼 취급하는 것을 말한다. 이것은「からかう(놀리다)」로 바꾸어 말할 수 있다.

A あの、横入^{よこはい}りしないでください。
아 노, 요코하이리 시 나 이 데 구 다 사 이.

B 急^{いそ}いでるんですよ。
이소이 데 룬　데 스 요.

A どうしてそんなに自分勝手^{じぶんかって}なんですか。
도 오 시 떼 손　나 니 지 붕 캇 떼 난　데 스 까?

マナーを守^{まも}ってください。
마 나ー 오 마못 떼 구 다 사 이.

B 分^わかりました。すみません。
와 까 리 마 시 따. 스 미 마 셍.

- - - - - - - - - -

A 저기, 새치기하지 말아주세요.
B 서두르고 있어서요.
A 왜 그렇게 이기적이에요? 매너를 지켜주세요.
B 알겠습니다. 죄송해요.

대화 Tip

んです는 감정적인 얘기를 하거나, 앞에서 서술한 내용, 어떤 판단에 대해 근거를 가지고 있는 경우, 그리고 강조할 때에 사용한다. 회화에서 많이 쓰이는 표현이니 익혀두자.

단어

横入^{よこはい}り[요코하이리] 새치기　急^{いそ}ぐ[이소구] 서두르다　自分勝手^{じぶんかって}[지붕캇떼] 이기적　マナー[마나ー] 매너

A なんで約束を守らないの？
난 데 야꾸소꾸오 마모 라 나 이 노?

B どういう意味？
도 오 이 우 이 미?

A 週末に私と一緒に誕生日パーティーに
슈우마츠 니 와따시또 잇 쇼 니 탄 죠오 비 파— 티— 니

行くことにしたでしょ？
이 쿠 코 또 니 시 따 데 쇼?

B あ、ごめん！うっかりしてた。
아, 고 멘! 웃 까 리 시 떼 따.

A 왜 약속을 안 지켜?
B 무슨 뜻이야?
A 주말에 나랑 같이 생일 파티에 가자고 했잖아.
B 아, 미안해! 깜빡하고 있었어.

🔊 대화 Tip

일상회화에서는 자주 ている 형태에서 い를 생략해서 말하곤 한다.

'~하기로 하다'는 동사 기본형 + ことにする로 표현하면 된다. '~하기로 했다'라면 상황에 맞게 뒤의 する의 시제를 바꾸어 동사 기본형 + ことにした라고 하면 된다.

📖 단어

約束[야쿠소쿠] 약속　　誕生日パーティー[탄죠오비파-티-] 생일파티

83 더 드시라고 할 때

맛있게 드세요.

お召し上がりください。

오 메 시 아 가 리 구 다 사 이.

관련 표현

입맛에 맞으실지 모르겠지만

お口に合うかわかりませんが、

오 쿠치 니 아우 까 와 카 리 마 셍　　가,

천천히 먹어.

ゆっくり食べてね。

윳　　꾸리 타 베 떼 네.

 **PLUS**　따뜻할 때 드십시오.

温かいうちに召し上がってください。

아따따까이 우 찌 니 메 시 아 갓　　떼 구 다 사 이.

Tip

음식을 대접하는 입장에서 '맛있게 먹어'는 **召し上がれ**라고 하면 된다. **お口に合うかわかりませんが、**(입에 맞으실지 모르겠지만) 또한 음식을 대접할 때 겸손을 표하기 위해 정말 자주 사용되는 말이니 기억해두자.

A お召し上がり下さい。
오 메 시 아 가 리 구다사 이.

B いただきます！最近、外食ばかりして飽きてい
이 따 다 끼 마 스!　　사이 킹,　가이쇼꾸 바 까 리 시 떼 아 키 떼 이

たので、どうもありがとうございます。
따 노 데,　도오 모 아 리 가 또 ― 고 자 이 마 스.

A お口に合うかわかりませんね。
오 쿠치 니 아 우 까 와 까 리 마 셍　　네.

B 吉野さんの肉じゃが、本当においしいです！
요시 노 상　　　노 니꾸쟈　　가,　혼 또 오 니 오 이 시 이 데 스!

A 맛있게 드세요.

B 잘 먹겠습니다! 요즘 외식만 해서 질렸었는데, 정말 감사합니다.

A 입맛에 맞으실지 모르겠네요.

B 요시노 씨가 만든 니쿠자가 정말 맛있네요!

대화 Tip

니쿠자가(肉じゃが)는 대표적인 일본의 가정식이다. 이름처럼 고기에 감자, 당근, 곤약 등의 채소를 곁들여 조린 음식이다.

'ありがとう'(감사합니다) 앞에 'どうも'(정말)를 붙임으로써 감사의 마음을 강조할 수 있다.

단어

いただきます[이따다끼마스] 잘 먹겠습니다　外食[가이쇼꾸] 외식　飽きる[아키루] 질리다
口に合う[쿠치니아우] 입맛에 맞다

A どうぞ、ゆっくり食べてね。
도 오 조, 윳 꾸리 타 베 떼 네.

B うまい！料理上手なんだね。
우 마 이! 료 리 죠오즈 난 다 네.

A そう？そんなこと言われたら恥ずかしい。
소 오? 손 나 코 또 이 와 레 따 라 하 즈 까 시 이.

B これくらいの味なら店を出してもいいよ。
고 레 쿠 라 이 노 아 지 나 라 미 세 오 다 시 떼 모 이 이 요.

A 자, 천천히 먹어.
B 맛있다! 요리 잘하는구나.
A 그래? 그런 소리 들으니까 부끄럽네.
B 이 정도 맛이면 가게를 차려도 되겠어.

＋PLUS 자 어서, 마음껏 먹으세요.

さあどうぞ、ご自由に食べてください。
사 아 도 오 조 고 지 유 우 니 다 베 떼 구 다 사 이.

📖 **단어**

うまい[우마이] 잘하다, 맛있다　料理[료리] 요리　恥ずかしい[하즈까시이] 부끄럽다

店を出す[미세오다스] 가게를 차리다

84 배고프다고 할 때

배가 좀 고프네요.

なか　す
お腹が空いてきました。

오 나까가 스 이 떼 키 마 시 따.

저 배고픈데, 무슨 맛있는 거 해줄 거예요?

なか　す　　　　　　　　なに
お腹空いたんですけど、何かおいし

오 나까스 이 딴　데 스 케 도,　나니 까 오 이 시

いものつくってくれるんですか。

이 모 노 츠 쿳　떼 쿠 레 룬　데 스 까?

저 배고픈데, 컵라면 먹고 싶어요.

なか　す
お腹空いて、

오 나까스 이 떼,

た
カップラーメンが食べたいです。

캅 뿌 라- 멩 가 타 베 따 이 데 스.

'〜てきました'의 원형은 '〜てくる'이고 '(점점)〜해지다'라는 뜻이다.

ex 밤이 되어서 밖은 어두워졌다.

よる　　　　　そと　　くら
夜になって外は暗くなってきた。

요루니 낮　　떼 소또와 쿠라꾸낮　떼 키 따

Part 7　일상

283

A お腹が空いてきたな。
오 나까가 스이 떼 끼 따 나.

B ご飯そろそろできるよ。ちょっと待ってね。
고 항 소로소로 데 끼루요. 춋 또맛 떼네.

A やっぱりあなたの味噌汁はおいしいよ。
얏 빠리아나 따노 미 소시루 와오이 시 이 요.

B いっぱい食べていいよ。
입 빠이 타베 떼이이이 요.

たくさん作っておいたから。
타 꾸상 츠쿳 떼오이 타 까 라.

A 배가 좀 고프네.

B 곧 밥 다 돼. 조금만 기다려.

A 역시 여보가 해주는 미소국은 맛있어.

B 많이 먹어도 돼. 많이 만들어놨으니까.

🔊 대화 Tip

て형을 활용한 표현 중 하나인 て형 + おく는 직역 그대로 '~해두다'라는 말이다.

📖 단어

お腹がすく[오나까가스쿠] 배가 고프다　ご飯[고항] 식사　そろそろ[소로소로] 슬슬

できる[데끼루] 되다, 이루어지다　待つ[마츠] 기다리다　味噌汁[미소시루] 미소국

A お腹がもう空いてきちゃった。

오 나까가 모오스 이 떼 키 챳　　따.

えり、なんか美味しいの作ってくれる？

에 리, 난　　까 오 이 시 이 노 츠쿳　떼 쿠 레 루?

B 何か食べたいのとかある？

나니까 타 베 따 이 노 토 까 아 루?

A えりの手作りカレーかな。

에 리 노 테 즈꾸리 카 레ー　까 나.

B 分かったわ。任せて。

와 깟　　따 와.　마까세 떼.

A 배가 벌써 고파져버렸다. 에리, 뭔가 맛있는 거 만들어줄 수 있어?

B 뭔가 먹고 싶은 거 있어?

A 에리가 손수 만들어주는 카레?

B 알겠어. 나한테 맡겨.

Part 7 일상

🔊 대화 Tip

'空いてきちゃった'(고파져버렸다)는 '空いてきてましまった'(고파져버렸다)의 회화적 표현이다. 이는 て형의 활용 표현인 てしまう의 과거 표현이다. てしまう는 '~해버리다'라는 뜻을 가지고 있다.

ちゃった에 대한 예는 'もう約束場所に着いちゃった'(벌써 약속 장소에 도착해버렸다), '全部食べちゃった'(전부 먹어버렸다) 등을 들 수 있겠다.

📖 단어

美味しい[오이시이] 맛있다, 맛좋다　手作り[테즈꾸리] 수제　カレー[카레ー] 카레　分かる[와까루] 알다　任せる[마까세루] 맡기다, 위임하다

배부르다고 할 때

배불러요.

お腹いっぱいです。

오 나까입   빠 이 데 스.

과식해서 배탈이 날 것 같습니다.

食べ過ぎて、お腹を壊しそうです。

타 베 스 기 떼,   오 나까오 꼬와시 소 오 데 스.

더 못 먹겠어요.

これ以上食べられないです。

고 레 이 죠오 타 베 라 레 나 이 데 스.

 **PLUS**   더 이상 한 입도 먹지 못하겠습니다.

これ以上一口も食べられません。

고 레 이 죠오히또쿠찌모 타 베 라 레 마 셍.

Tip

회화에서는 お腹와 いっぱい 사이의 '이/가'라는 의미를 가진 조사 が를 주로
생략한다. 우리말의 '배부르다'와 같은 맥락이다.

Ⓐ やきにく
焼肉、ごちそうさまでした。
야끼니꾸, 고 찌 소 오 사 마 데 시 따.

なか
もうお腹いっぱいです。
모 오 오나까잇　빠 이 데 스.

Ⓑ くち あ
お口に合ってよかったです。
오 쿠치니 앗　떼 요 캇　따 데 스.

Ⓐ さいきんやきにく た
最近焼肉を食べていなかったんですけど、
사이 낑 야끼니꾸오 타 베 떼 이 나 캇　딴　데 스 께 도,

きょう ほんとう おも ぞんぶん た
今日本当に思う存分食べました！
쿄오　혼 또오 니 오모우 존 분 타 베 마 시 따!

Ⓑ やきにく や ち いき ゆうめい
この焼肉屋さん、この地域で有名なんですよ。
고 노 야끼니꾸 야 상,　　고 노 치 이끼 데 유우메에난　데 스 요.

Ⓐ 야끼니꾸 사 주셔서 감사합니다. 정말 배부르네요.

Ⓑ 입맛에 맞아서 다행이네요.

Ⓐ 야끼니꾸를 안 먹은 지 오래됐는데, 오늘 정말 실컷 먹었네요!

Ⓑ 이 야끼니꾸집, 이 지역에서 유명하거든요.

Part 7 일상

🔊 대화 Tip

식사에 대한 감사를 표현할 때에는 보통 'ごちそうさまでした。'(사주셔서 감사합니다.)를
사용한다. 무언가를 파는 가게를 표현할 때에는 (파는 물건) + 屋さん이라고 하면 된다. 예
를 들면 반찬 가게는 おかず屋さん, 신발가게는 靴屋さん으로 나타낼 수 있다.

📖 단어

もう[모오] (감동, 감정을 강조할 때 쓰는 말)　　思う存分[오모우존분] 마음껏　　地域[치이끼]
지역

A お腹いっぱいです。ごちそうさまでした。
오 나까잇　빠이데스.　고찌소오사마데시따.

B 元々は外に出ておもてなししたかっ
모또모또 와 소또 니 데 떼 오 모 떼 나 시 시 타 캇

たんですけど…。
딴　데스케도…

A 手作り料理がお店の料理みたいです。
테 즈꾸리 료오리 가 오 미세 노 료오리 미 따 이 데 스.

B 大したものではありません。まだまだですよ。
타이시 따 모 노 데 와 아 리 마 셍.　　마 다 마 다 데 스 요.

- -

A 배부르네요. 식사 대접해 주셔서 감사합니다.

B 원래는 밖에 나가서 대접해 드리고 싶었어요.

A 직접 만든 요리가 가게 요리와 비슷한 것 같아요.

B 과찬에 감사 드려요. 아직 멀었어요.

🔊 대화 Tip

본문 마지막 문장은 무언가 선물하거나 대접했을 때 겸손을 표하는 말로, 회화에서 자주 쓰인다. 예를 들어, 선물을 줄 때 '大したものではないですが…'(별건 아니지만)를 자주 붙이곤 한다.

📖 단어

元々[모또모또] 원래　　外[소또] 밖, 바깥, 외부　　おもてなし[오모떼나시] 대접　　手作り

[테즈꾸리] 직접 만든　　店[미세] 가게, 상점, 점포　　みたい[미따이] ~같다, 비슷하다

86 여전히 그대로라고 할 때

여전히 그대로시네요.

^{あい か}
相変わらずですね。

아이 까 와 라 즈 데 스 네.

당신은 조금도 변하지 않았어요!

^{すこ}^か
少しも変わっていないですよ。

스꼬 시 모 카 왓　떼 이 나 이 데 스 요!

당신은 여전히 잘 웃네요.

^{あい か}^{わら}
相変わらず、よく笑うんですね。

아이 까 와 라 즈,　요 쿠 와 라 운　데 스 네.

Part 7 일상

Tip

相変わらず는 '여전한, 그대로'라는 뜻을 가지고 있다. 하지만 부정적인 뉘앙스도 내포하고 있기 때문에 비즈니스나 중요한 자리에서 또는 본인보다 나이가 많은 사람에게 단독으로 사용하는 것은 지양하자. 그럴 경우, お変わりないですね.(변함이 없으시네요)로 바꿔 사용하거나, 相変わらずお若いですね.(여전히 젊으시네요) 등으로 긍정적인 표현과 함께 사용하는 것이 좋다.

A 大学卒業してから10年も経っているのに、
다이가꾸소츠교오 시 떼 까 라 쥬 넨 모 탓 떼 이 루 노 니,

相変わらずですね。
아이카 와 라 즈 데 스 네.

B 田中さんも相変わらずお若いですね。
다 나까 상   모 아이카 와 라 즈 오 와까이 데 스 네.

A そんなことないですよ。
손   나 코 또 나 이 데 스 요.

B 電話番号も知りましたから、
뎅 와 방 고오모 시 리 마 시 따 까 라

また連絡しましょう。
마 따 렝 라꾸시 마 쇼   오.

- -

A 대학 졸업한 지 이미 10년이나 지났는데 그대로네요.

B 타나카 씨도 여전히 젊으시네요.

A 그렇지도 않아요.

B 핸드폰 번호를 알았으니 나중에 자주 연락해요.

🔊 대화 Tip

동사・형용사・명사 + し는 '~하고'의 의미로 사용된다. 앞에 오는 말의 품사에 따라 '学生だし'(학생이고), '嬉しいし'(기쁘고), '読むし'(읽고) 등으로 나타낸다.

또한 시간이 '~씩이나 지나다'라는 표현으로 시간 + も経つ라고 쓸 수 있다. 예를 들면 '何か月も経ちましたね'(몇 개월이나 지났네요)로 표현할 수 있다.

📖 단어

卒業[소츠교오] 졸업　　経つ[타쯔] (시간이) 지나다　　若い[와까이] 젊다　　電話番号[뎅와방고]
전화번호

A 少しも変わっていないですね。
스꼬시모 카왓　떼이 나이 데 스 네.

B そんなことないです。鈴木さんは相変わらず、
손　나 코 또나 이 데 스. 스즈끼 상　와 아이 카 와 라 즈

よく笑うんですね。
요 쿠와라 운　데 스 네.

A 恥ずかしいです。私たち、元気に過ごしましょう。
하 즈 까 시 이 데 스.　와따시타찌, 겡 키 니 스 고 시 마 쇼　오.

B そうですね！
소 오 데 스 네!

A 조금도 변하지 않았네요.
B 그렇지도 않아요. 스즈키 씨는 여전히 잘 웃으시네요.
A 부끄럽네요. 우리 건강하게 지내요.
B 그러게요!

대화 Tip

'~합시다'라는 권유, 제안의 표현은 ます형 + ましょう로 나타낼 수 있다. 의문형은 ましょ
うか。로 나타내면 된다.

단어

少し[스꼬시] 조금, 약간, 좀　変わる[카와루] 변하다, 바뀌다　相変わらず[아이카와라즈] 여전히

笑う[와라우] 웃다　恥ずかしい[(하)즈까시이] 부끄럽다　過ごす[스고스] 지내다

Part 7 일상

291

87 시간이 늦어서 집으로 간다고 할 때

시간이 늦었네요, 집에 돌아가야겠어요.

もう時間も遅いので、私は失礼します。

모 오 지 깡 모 오소이 노 데, 와따시와 시쯔레에시 마 스.

이만 가야할 시간인 것 같군요.

ぼちぼち失礼する時間のようですね。

보 찌 보 찌 시쯔레에스루지 깐 노 요오데스 네.

날이 어두워졌는데 집에 가야겠어요.

日が暮れたので家に帰ります。

히 가 쿠 레 따노 데이에니 카에리 마 스.

Tip

失礼します는 직역하면 '실례합니다'로 먼저 자리를 일어날 때 쓴다. 또한 어떤 자리에 들어갈 때 '실례하겠습니다'의 의미로도 쓰인다.

귀가한다는 표현을 할 때에는 '家に行く'로 직역해서 사용하기 보다는 '家に帰る'(집으로 돌아가다)를 사용한다.

A もう時間も遅いので、私は失礼します。
모 오 지 캉 모 오소이 노 데, 와따시와 시쯔레에 시 마 스.

B 忙しいこととかありますか。
이소가시이 코 또 또 까 아 리 마 스 까?

A いいえ、でも子供たちが待っているので。
이 이 에, 데 모 코도모 타 찌 가 맛 떼 이 루 노 데.

B じゃあ行かないといけませんね。
쟈 아 이 까 나 이 또이 께 마 셍 네.

また来てくださいね。
마 따 키 떼 구 다 사 이 네.

A 시간이 늦었네요, 집에 돌아가야겠어요.

B 바쁜 일이라도 있으세요?

A 아니요, 그런데 아이들이 절 기다려서요.

B 그럼 가셔야겠네요. 또 오세요.

Part 7 일상

🔊 대화 Tip

본문에서 두 번이나 나온 のでと는 이유를 나타내는 대표적인 말이다. 이유를 나타내는 다른 말인 から에 비해 객관적인 이유를 말하거나, 정중한 말투일 때 쓰인다. 반면 から는 주관적인 이유를 설명하거나 편한 말투일 때 쓰인다.

📖 단어

遅い[오소이] 늦다　とか[토까] 라든가, ~든지　でも[데모] 그래도　来る[키따루] 오다

A もう時間も遅いので、私は失礼します。
모 오 지 캉 모 오소 이 노 데 와따시와 시츠레에시 마 스.

B うちまで来る道も分かりましたから、
우 찌 마 데 쿠 루 미 치 모 와 까 리 마 시 따 카 라

また来るとき便利ですね。
마 따 쿠 루 토 끼 벤 리 데 스 네.

A 今度会うときにはうちでお茶しませんか。
콘 도 아 우 토 끼 니 와 우 치 데 오 챠 시 마 셍   까?

B 是非いきたいです！
제 히 이 끼 따 이 데 스!

A 시간이 늦어서 가야겠어요.

B 저희 집 오는 길을 알았으니, 다음에 올 때 편하겠네요.

A 다음에 만날 때에는 우리 집에서 차 한잔하지 않으실래요?

B 꼭 가고 싶네요!

🔊 대화 Tip

是非는 '꼭, 아무쪼록, 제발'이라는 의미를 가지고 있는데, 동사의 기본형이 아닌 '~하고 싶다'(~たい), '~해주세요'(~てください) 등의 표현과 함께 쓰인다. 예를 들면 '是非来てください'(꼭 와주세요), '是非やってみたいと思います'(꼭 해보고 싶다고 생각합니다) 등으로 나타낼 수 있다.

📖 단어

まで[마데] 까지　来る[쿠루] 오다　道[미치] 길　便利な[벤리나] 편리한　お茶[오챠] 차

是非[제히] 꼭, 제발

# 88 그 일은 정말 이해할 수 없다고 할 때

그 일은 정말 이해할 수 없어요.

そのことは全く理解できません。

소 노 코 또 와 맛따 쿠 리 카이 데 끼 마 셍.

그 일은 정말 이해할 수 없어요.

そのことは本当に理解できません。

소 노 코 또 와 혼 또-니 리 카이 데 끼 마 셍.

당신이 한 일은 정말 이해할 수 없어요.

あなたがしたことは本当に

아 나 따 가 시 타 코 또 와 혼 또-니

理解できません。

리 카이 데 끼 마 셍.

PLUS 모르겠습니다.

分かりません。

와 까 리 마 셍.

잘 모르겠어요.

よく分からないのです。

요 꾸 와 까 라 나 이 노 데 스.

A そのことは全く理解できません。
소 노 코또 와 맛따쿠 리 카이 데 끼 마 셍.

B 同感です。チーム長がどうしてそうしたのか
도오 깡 데 스.　치-　무 쵸오가 도 오시 떼 소 오시 따 노 까

理解できません。
리 카이 데 끼 마 셍.

A 私たち、チーム長に直接聞いてみるのは
와따시타치,　치-　무 쵸오니 쵸쿠세츠 키 이 떼 미 루 노 와

どうですか。
도 오 데 스 까?

B そうしましょうか。
소 오시 마 쇼　오 까?

- -

A 그 일은 정말 이해할 수 없어요.

B 저도 같은 생각이에요. 팀장님이 왜 그러신 건지 이해가 안돼요.

A 우리, 팀장님께 직접 여쭤보는 건 어때요?

B 그럴까요?

📖 **단어**

全く[맛따쿠] 완전히, 아주, 전적으로, 전혀　理解[리카이] 이해　同感です[도오깡데스]

동의합니다　直接[쵸쿠세츠] 직접

A そのことは全く理解できません。
소 노 코 또 와 맛따쿠 리 카이 데 끼 마 셍.

B 何か悩み事とかありますか。
나니까 나야미 고또또 까 아 리 마 스 까?

A 仕事上の問題なんです。
시 고또죠오 노 몬 다이난 　 데 스.

B 相談したら解決できる方法が
소오 단 시 따 라 카이게쯔 데 끼 루 호–호– 가

思い浮かぶかもしれませんよ。
오모 이 우 까 부 까 모 시 레 마 셍 　 요.

- -

A 그 일은 정말 이해할 수 없어요.

B 무슨 고민되는 일이 있어요?

A 업무적인 문제예요.

B 상담해보면 해결할 수 있는 방법이 떠오를지도 몰라요.

🔊 대화 Tip

'~할지도 모른다'는 ~かもしれない로 표현한다. 정중하게 표현할 때는 ~かもしれない です・~かもしれません 두 가지를 사용할 수 있다.

📖 단어

悩み事[나야미고또] 고민거리　問題[몬다이] 문제　相談[소오단] 상담　解決[카이케쯔] 해결
方法[호–호–] 방법　思い浮かぶ[오모이우까부] 떠오르다

89 그 일은 정말 잊을 수 없는 일이라고 할 때

그 일은 잊을 수 없어요.

そのことは忘れられません。

소 노 코 또 와 와스레 라 레 마 셍.

그 일은 도무지 잊을 수 없어요.

そのことはどうしても忘れられません。

소 노 코 또 와 도 오시 떼 모 와스레 라 레 마 셍.

가장 잊을 수 없었던 순간이 언제인가요?

一番忘れられない瞬間はいつですか。

이찌 방 와스레 라 레 나이 숀 캉 와 이 쯔 데 스 까?

Tip

'どうしても'는 부정어를 수반하면 '아무리 하여도'라는 뜻이 되고 부정어가 아닌 일반 평서문이 수반되면 '무슨 일이 있어도, 꼭'이라는 뜻을 지니게 된다.

ex 저 게임은 어떻게든(꼭) 사고 싶다.

あのゲームはどうしても買いたい。

아 노 게 에 무 와 도 우시 떼 모 카 이 따 이

*ゲーム 게임

A そのことはどうしても忘_{わす}れられません。
소 노 코 또 와 도 오 시 떼 모 와 스 레 라 레 마 셍.

B そのことってどんなことですか。
소 노 코 톳 떼 돈 나 코 또 데 스 까?

A 討論会_{とうろんかい}の時_{とき}のことですよ。
토 오 롱 카이 노 토끼 노 코 또 데 스 요.

B 私_{わたし}も覚_{おぼ}えています。
와 따 시 모 오 보 에 떼 이 마 스.

A 그 일은 정말 잊을 수 없습니다.
B 그 일이란 게 어떤 일을 말씀하시는 거예요?
A 토론회 때의 일이요.
B 저도 기억하고 있어요.

PLUS

아, 깜짝 놀랐어.

ああ、びっくりした。
아 아, 빅 꾸 리 시 따.

↳ びっくりする 깜짝 놀라다, びっくり仰天(ぎょうてん) 깜짝 놀람

어, 정말 바보같군!

おや、なんてばかな！
오 야, 난 떼 바 까 나!

その[소노] 그　どうしても[도오시떼모] 아무리 하여도　忘_{わす}れる[와스레루] 잊다　討論会_{とうろんかい}[토오롱카이] 토론회　覚_{おぼ}える[오보에루] 기억하다

A 一番忘れられない瞬間はいつですか。
이찌방 와스레 라 레 나이 슝 깡 와 이 쯔 데 스 까?

B 僕の結婚式です。
보꾸노 겟 꼰 시끼 데 스.

A 結婚は人生で大事なことですから。
겟 꽁 와 진 세에 데 다이 지 나 코 또 데 스 까 라.

B 僕が結婚するとき、両親が反対して
보꾸가 겟 꼰 스 루 토 끼, 료오 싱 가 한 따이시 떼

結婚式に来なかったんですよ。
겟 꼰 시끼니 코 나 깟 딴 데 스 요.

A 가장 잊을 수 없는 순간은 언제인가요?
B 저의 결혼식입니다.
A 결혼은 인생에서 중요한 일이니까요.
B 제가 결혼할 때 부모님이 반대를 해서 제 결혼식에 오시지 않았어요.

➕PLUS 그거 놀랍군요.

それは驚きましたね。
소 레 와 오도로끼마 시 따 네.

충격이야!

ショック!
쇼 꾸!

↳ ショック[shock] 쇼크, 갑작스럽게 당하는 타격, 충격

📖 단어

瞬間[슝칸] 순간   結婚式[겟꼰시끼] 결혼식   大事な[다이지나] 중요한   両親[료싱] 부모님
反対[한따이] 반대

생각하지도 못했던 일이라고 할 때

정말 이렇게 될지 생각지도 못했어요.

本当にこうなるとは思ってもみませんでした。

혼 또오니 코 오 나 루 또 와 오못　떼 모 미 마 셍　데 시 따.

관련 표현

정말 이렇게 될지 생각지도 못했어요. 실망했어요.

本当にこうなるとは思ってもみません

혼 또오니 코오 나 루 또 와 오못　떼 모 미 마 셍

でした。失望しました。

데 시 따. 시쯔 보오 시 마 시 따.

정말 이렇게 될지 생각지도 못했어요. 지금 후회해도 늦었어요.

本当にこうなるとは思ってもみません

혼 또오니 코 오 나 루 또 와 오못　떼 모 미 마 셍

でした。今後悔しても遅いです。

데 시 따. 이마 코오 까이 시 떼 모 오소이 데 스.

 **PLUS**　그렇게 될 리가 없어!

そうなるはずがないよ！

소 오 나 루 하즈 가 나 이 요!

A 本当にこうなるとは思ってもみませんでした。
ほんとう / おも
혼 또오니 코 오나 루 또 와 오못 떼 모미 마 셍 데 시 따.

B 申し訳ありません。私の不注意でした。
もう わけ / わたし ふ ちゅう い
모오시 와께아 리 마 셍. 와따시노 후 츄우 이 데 시 따.

A 会社の信頼に影響を与えたのが重大です。
かいしゃ しんらい えいきょう あた じゅうだい
카이 샤 노 신 라이 니 에에쿄오 오 아따 에 따 노 가 쥬우다이 데 스.

B 私はどうすればいいでしょうか。
わたし
와따시와도 오스 레 바 이 이 데 쇼 오 까?

- -

A 정말 이렇게 될지 생각지도 못했어요.

B 죄송합니다. 제가 부주의했습니다.

A 회사 신뢰에 영향을 끼친 게 큰일이죠.

B 제가 어떻게 하면 좋을까요?

🔊 대화 Tip

일본에서는 '죄송합니다'라는 표현이 다양하게 쓰인다. すみません, ごめんなさい, 申し
訳ありませんが 자주 쓰인다. 이중에서도 특히 申し訳ありません은 정중한 사과의 표현
이며, 이보다 더욱 정중한 표현으로는 大変申し訳ございません을 들 수 있다.

📖 단어

不注意[후츄우이] 부주의   会社[카이샤] 회사   信頼[신라이] 신뢰   影響を与える[에이
쿄오오아따에루] 영향을 주다   重大な[쥬우다이나] 중대한

A 本当にこうなるとは思ってもみませんでした。
혼 또오니 코 오 나 루 또 와 오못 떼 모 미 마 셍   데 시 따.

B 私もそうです。
와따시모소 오 데 스.

A 事態がこうなってしまった以上、
지 따이가 코 오 낫   떼 시 맛   따 이죠오,

損失をできる限り減らさなければなりません。
손 시쯔오 데 끼 루 카기리 헤 라사 나 께 레 바 나 리 마 셍.

B おっしゃる通り頑張ってみます。
옷   샤   루 토오리 간 밧   떼 미 마 스.

A 정말 이렇게 될지 생각지도 못했어요.
B 저도요.
A 사태가 이렇게 되어 버린 이상, 손실을 가능한 한 최소화해야 합니다.
B 말씀하시는 대로 해 보겠습니다.

대화 Tip

'~하지 않으면 안된다'는 동사의 부정형 + なければならない로 나타낸다. 정중한 표현으로는 본문처럼 なければなりません이라 한다.

단어

事態[지따이] 사태   損失[손시쯔] 손실   できる限り[데끼루카기리] 가능한 한   減らす
[헤라스] 줄이다   おっしゃる通り[옷샤루토오리] 말씀하시는 대로

Part 7 일상

8

도움

우리들은 사람들과의 관계 속에서 도움을 주거나 도움을 받으면서 살아가게 되는 것을 배우게 됩니다. 도움과 관련해서 할 수 있는 표현들을 정리해보았습니다.

91 도와달라고 부탁할 때

절 도와줄 수 있나요?

て つだ
手伝ってもらってもいいですか。

테 츠닷　떼 모 랏　　떼 모 이 이 데 스 까?

관련 표현

절 도와줄 수 있나요?

わたし　　たす
私を助けてもらえますか。

와따시오타스 께 떼 모 라 에 마 스 까?

절 도와줄 수 있나요?

て　　か　　　いただ
手を貸して頂けますか。

테 오 카 시 떼이따다께 마 스 까?

 **PLUS**　잠깐 괜찮겠어요?

ちょっといいですか。

촛　　　또 이 이 데 스 까?

Tip

て　か
'手を貸す'라는 표현은 직역하면 '손을 빌려 주다'라는 뜻인데, 이는 관용구로서
'도와주다'라는 의미를 지닌다.

A 手を貸して頂けますか。
테 오 카 시 떼이따다께 마 스 까?

B もちろんです。僕が何をすればいいでしょうか。
모 찌론 데 스. 보꾸가 나니오 스 레 바 이 이 데쇼 오 까?

A この資料をまとめてください。
고 노 시료오오 마 또 메 떼 구 다 사 이.

B はい、問題ないです。
하 이, 몬 다 이 나 이 데 스.

A 절 도와주실 수 있나요?

B 물론이죠. 제가 무엇을 하면 될까요?

A 이 자료를 정리해주세요.

B 네, 문제 없습니다.

+PLUS　부탁이 있는데요.

お願いがあるんですが。
오 네가이 가 아룬 데 스 가.

좀 여쭙고 싶은데요.

ちょっとお聞きしたいのですが。
촛 또 오 키 끼 시따 이 노데 스 가.

📖 단어

手を貸す[테오카스] 손을 빌리다, 돕다　もちろん[모찌론] 물론　資料[시료-] 자료

まとめる[마또메루] 정리하다

A 今、忙しいですか。
이마, 이소가시이 데 스 까?

B いいえ、今は大丈夫です。
이 이 에, 이마와 다이죠오 부 데 스.

A じゃあ、ちょっと手伝ってもらってもいいですか。
쟈 아, 춋 또 테 쯔닷 떼 모랏 떼 모 이 이 데 스 까?

この資料を社長室に持っていってください。
코 노 시료- 오 샤쵸- 시츠 니 못 떼 잇 떼 구다 사이.

B 分かりました。
와 까 리 마 시 따.

- -

A 지금 혹시 바빠요?
B 아니요, 지금은 괜찮습니다.
A 그럼 조금 도와주실 수 있어요? 이 자료를 사장실로 갖다 주세요.
B 알겠습니다.

🔊 대화 Tip

본문의 '払い戻しはできかねます'(환불이 안 됩니다.)에서 'できかねます'는 '할 수 있다'
를 뜻하는 'できる'와 'かねます'가 결합된 형태이다. 'かねます'의 원형은 'かねる'인데 의
미는 '(사정이 있어서) 그렇게 하기 어렵다'는 뜻이고 동사의 ます형과 결합된다.

📖 단어

手伝う[테쯔다우] 돕다　　社長室[샤쵸-시츠] 사장실

92 도움을 주려고 할 때

제가 좀 도와드릴까요?

なに て つだ
何かお手伝いしましょうか。

나니 까 오 테 쯔다 이 시 마 쇼 오 까?

도와줄까요?

て つだ
手伝いましょうか。

테 쯔다 이 마 쇼 오 까?

제가 무엇을 하면 될까요?

なに
何をすればいいでしょうか。

나니 오 스 레 바 이 이 데 쇼 오 까?

+PLUS *(제안에 승낙하는 대답)

좋아요.

いいですよ。

이 이 데 스 요.

지장이 없으면….

さ つか
差し支えなければ…。

사 시 쯔까 에 나 께 레 바….

Part 8
도움

A 何かお手伝いしましょうか。
나니 까 오 테 쯔다 이 시마 쇼　오 까?

B いいえ、むしろ待たせてしまってごめんなさい。
이 이에, 무 시 로마 따 세 떼시 맛　떼 고 멘　나 사 이.

A ゆっくりやってください。終わったら一緒に
윳　꾸리 얏　떼 구 다 사 이. 오왓　따 라 잇 쇼니

ショッピングでもしましょうか。
숏　핑　구 데 모 시 마 쇼　오 까?

B いいですね！
이 이 데 스 네!

- -

A 제가 좀 도와드릴까요?
B 아니에요, 오히려 기다리게 해서 죄송해요.
A 천천히 하셔도 돼요. 끝나면 같이 쇼핑이라도 할까요?
B 좋아요!

🔊 대화 Tip

する와 やる는 '하다'라는 똑같은 의미를 가지고 있는데, 둘 중 어느 쪽을 사용하느냐에 따라 뉘앙스의 차이가 있다. する는 하품, 트림 등 의지 없이 일어나는 자연스러운 현상에도 쓰일 수 있는 한편 やる는 그렇지 않으며, する와는 달리 의지적인 뉘앙스를 가지고 있고, 단독으로 쓸 수 있기도 하다.

📖 단어

待たせる[마따세루] 기다리게 하다　終わる[오와루] 끝나다　ショッピング[숏핑구] 쇼핑

A 今日残業なんです。
쿄오 잔교오난 데스.

B 何かお手伝いしましょうか。
나니까 오 테 쯔다이 시 마 쇼 오 까?

A じゃあ、お言葉に甘えて…。
쟈 아, 오 코또바 니 아마에 떼….

この書類をコピーしてもらえますか。
코 노 쇼루이오 코 피- 시 떼 모라에 마스 까?

B お安いご用ですよ。
오 야스 이 고 요오데 스 요.

- -

A 오늘 저녁에 야근해야 돼요.
B 제가 좀 도와드릴까요?
A 그럼 염치 불구하고…. 이 서류 좀 복사해 주실 수 있나요?
B 쉬운 일인데요 뭘.

🔊 대화 Tip

お安いご用란 전혀 어렵지 않은 쉬운 일을 말한다. 상대방에게 부탁을 받았을 때 상대방이 미안해하지 않도록 배려하여 쉬운 일이라며 흔쾌히 수락할 때 쓰는 말이다. 회화에서 자주 쓰이는 표현이므로 기억해두자.

📖 단어

残業[잔교-] 야근 言葉に甘える[코또바니아마에루] 상대의 호의를 받아들이다 書類[쇼루이] 서류 コピー[코피-] 복사 …てもらう[떼모라우] ~해 받다

도움을 사양(거절)할 때

아닙니다, 괜찮아요. 신경 쓰지 않으셔도 돼요.

いいえ、大丈夫です。気にしないでください。

이 이 에, 다이죠오 부 데 스.　키 니 시 나 이 데 구 다 사 이.

관련 표현

아닙니다, 괜찮아요. 제가 할 수 있어요.

いいえ、大丈夫です。私ができます。

이 이 에, 다이 죠오 부 데 스. 와따시가 데 끼마 스.

아닙니다, 괜찮아요. 먼저 가세요.

いいえ、大丈夫です。お先にどうぞ。

이 이 에, 다이 죠오 부 데 스. 오 사키 니 도 오 조.

 아니오, 됐습니다.

いいえ、けっこうです。

이 이 에, 겟 꼬오 데 스.

ㄴ 이 표현은 상대의 의뢰나 제안에 감사는 하지만, 어쩔 수 없이 거절을 해야 할 때 쓰이는 표현이다. 「けっこうです」는 「いいです」나 「十分(じゅうぶん)です」 등으로 바꾸어 표현할 수도 있다.

Tip

'お先にどうぞ'는 단순히 '먼저 가라'라는 뜻뿐만 아니라 식사 자리에서 '먼저 드세요'라고 쓰이는 등 남에게 먼저 하라고 권유할 때 자주 쓰인다.

A 何かお手伝いしましょうか。
나니 까 오 테쯔다이 시 마 쇼 오 까?

B いいえ、大丈夫です。私ができます。
이 이 에, 다이죠오부 데 스. 와따시가 데 끼 마 스.

A 一人でできないことがあったら、
히또리 데 데 끼 나 이 코 또가 앗 따 라,

僕を呼んでくださいね。
보꾸오 욘 데 구 다 사 이 네.

B お気遣いありがとうございます。
오 끼 즈까이 아 리 가 또 – 고 자 이 마 스.

- -

A 제가 도와드릴까요?
B 아닙니다, 괜찮아요. 제가 할 수 있어요.
A 혼자서 하기 어려운 게 있으면, 절 불러주세요.
B 신경 써주셔서 감사합니다.

대화 Tip

~たら는 '~하면'이라는 가정 표현으로 과거 표현 + たら의 형태이다. 예를 들면 '高かったら'(높다면), '有名だったら'(유명하다면), '着いたら'(도착하면) 등으로 나타낼 수 있다.

Part 8
도움

단어

できる[데끼루] 할 수 있다　一人で[히또리데] 혼자서　呼ぶ[요부] 부르다　気遣う
[끼즈까우] 마음을 쓰다, 염려하다, 걱정하다

Ａ お手伝いしましょうか。
오 테 쯔다이 시 마 쇼　오 까?

Ｂ いいえ、大丈夫です。気にしないでください。
이 이 에,　다이죠오부 데 스.　키 니 시 나 이 데 구 다 사 이.

Ａ じゃあ、お先に失礼しますね。
쟈　　아,　오 사키 니 시츠레에 시 마 스 네.

Ｂ お疲れさまでした！
오 츠카 레 사 마 데 시 따!

Ａ 도와드릴까요?

Ｂ 아닙니다, 괜찮아요. 신경 쓰지 않으셔도 돼요.

Ａ 그럼 저 먼저 퇴근할게요.

Ｂ 수고하셨습니다!

대화 Tip

위의 본문에서 쓰인 'お疲れさまでした'는 직장 회의를 포함한 대부분의 단체 활동에서 활동이 마무리 됐을 때 자주 쓰이는 표현이다. 위의 표현은 주로 자기보다 윗사람이 있을 때 쓰는 경우가 많고, 친한 친구나 자기보다 아랫사람만 있는 경우는 줄여서 'お疲れ'만 쓰기도 한다.

단어

気にする[키니스루] 신경 쓰다　先に[사키니] 이전에, 전에, 먼저　お疲れさまでした
[오츠카레사마데시따] 수고하셨습니다

94 길을 물어볼 때

실례합니다, 이 근처에 서점이 있나요?

すみません、この辺に本屋はありますか。

스미마셍, 코노헨니홍야와아리마스까?

실례합니다, 이 근처에 은행이 있나요?

すみません、
스미마셍,

この辺に銀行はありますか。
코노헨니 깅꼬오와 아리마스 까?

실례합니다, 이 근처에 전철역이 있나요?

すみません、この近くに地下鉄駅は
스미마셍, 코노 치카꾸니 치 카 테쯔에끼 와

ありますか。
아리마스 까?

PLUS 미안합니다, 역은 어떻게 가면 좋을까요?
すみません、駅へはどう行ったら
스미마셍, 에끼에 와 도오 잇 따라

よいでしょうか。
요이데쇼 오 까?

「すみません」은 모르는 사람에게 말을 걸거나 부탁할 때도 쓰인다.

A すみません、この $\overset{へん}{辺}$に $\overset{ゆうびんきょく}{郵便局}$はありますか。
스 미 마 셍,　　　코 노 헨 니 유우빙 쿄쿠와 아 리 마 스 까?

B すぐ $\overset{まえ}{前}$にありますよ。
스 구 마에 니 아 리 마 스 요.

A どうやって $\overset{い}{行}$けばいいですか。
도 오 얏　 떼 이 께 바 이 이 데 스 까?

B $\overset{まえ}{前}$の $\overset{ほうこう}{方向}$にまっすぐ $\overset{ある}{歩}$いたらすぐ $\overset{み}{見}$えます。
마에 노 호오꼬오 니 맛　 스 구 아루 이 따 라 스 구 미 에 마 스.

A 실례합니다, 이 근처에 우체국이 있나요?
B 바로 앞에 있어요.
A 어떻게 가죠?
B 앞으로 쭉 걸어가면 바로 보입니다.

🔊 대화 Tip

どうやって는 일본어에서 '어떻게 해서, 어떻게'를 나타내는 말이며 どのようにして의 구어
체적인 줄임 표현이다. 일상 회화에서는 どうやって를 쓰도록 하자.

📖 단어

$\overset{へん}{}$この $\overset{へん}{辺}$[코노헨] 이 근처　 $\overset{ゆうびんきょく}{郵便局}$[유우빙쿄쿠] 우체국　 すぐ[스구] 금방, 바로　 どうやって
[도오얏떼] 어떻게　 の $\overset{ほうこう}{方向}$に[노호오꼬오니] ~쪽으로　 $\overset{ある}{歩}$く[아루쿠] 걷다

A すみません、この近くに銀行はありますか。
스 미 마 셍,　　　코 노 치까꾸니 깅 꼬오와 아 리 마 스 까?

B 前の方向に銀行があると思います。
마에 노 호오꼬오니 깅 꼬오가 아 루 또 오모 이 마 스.

A ここから遠いですか。
고 꼬 까 라 토오 이 데 스 까?

B そんなに遠くはないです。
손　　나 니토오꾸 와 나 이 데 스.

10分くらい歩いたら着きますよ。
츳 풍 쿠 라 이 아루이 따 라 츠 키 마 스 요.

A 실례합니다, 이 근처에 은행이 있나요?

B 앞쪽에 은행이 있는 것 같아요.

A 이곳으로부터 머나요?

B 그렇게 멀지 않아요. 10분 정도 걸으면 도착해요.

PLUS 팔레스 호텔로 가는 길을 가르쳐 줄래요?

パレスホテルへ行く道を教えてくれますか。
파 레 스 호 떼 루 에　이 꾸 미찌오 오시 에 떼 구 레 마 스 까?

우에노 공원은 이 길로 가면 됩니까?

上野公園はこの道でいいんでしょうか。
우에 노 코오 엥 와 고 노 미찌 데 이 인　　데 쇼　오 까?

단어

近く[치까꾸] 가까운 곳, 근처　まえ[마에] 앞　銀行[깅꼬오] 은행　遠い[토오이] 멀다
歩く[아루꾸] 걷디, 산책하다　着く[츠쿠] 도착하다

길을 알려줄 때

쭉 앞으로 걸어가서, 사거리를 지나면 바로 있어요.

まっすぐ<ruby>歩<rt>ある</rt></ruby>いて、<ruby>交差点<rt>こうさてん</rt></ruby>を<ruby>過<rt>す</rt></ruby>ぎたらすぐです。

맛 스 구 아루 이 떼, 코오사 뗑 오 스 기 따 라 스 구 데 스.

관련 표현

죄송한데, 안내소에 가서 물어보는 게 어떠세요?

すみませんが、<ruby>案内所<rt>あんないじょ</rt></ruby>に<ruby>行<rt>い</rt></ruby>って

스 미 마 셍 가, 안 나이죠 니 잇 떼

<ruby>聞<rt>き</rt></ruby>いてみたらどうですか。

키 이 떼 미 따 라 도 오 데 스 까?

죄송합니다. 저도 타지인이라서요, 이곳이 익숙하지 않아요.

すみません。<ruby>私<rt>わたし</rt></ruby>もほかのところから

스 미 마 셍. 와따시 모 호 까 노 토 꼬 로 까 라

<ruby>来<rt>き</rt></ruby>たので、<ruby>道<rt>みち</rt></ruby>に<ruby>詳<rt>くわ</rt></ruby>しくないんです。

키 따 노 데, 미 치 니 쿠와 시 꾸 나 인 데 스.

PLUS 이 길로 곧장 가세요.

この<ruby>道<rt>みち</rt></ruby>を<ruby>真<rt>ま</rt></ruby>っ<ruby>直<rt>す</rt></ruby>ぐ<ruby>行<rt>い</rt></ruby>ってください。

고 노 미찌오 맛 스 구 잇 떼 구 다 사 이.

A　すみませんが、この辺にみずほ銀行は
스 미 마 셍　 가, 코 노 헨 니 미 즈 호 깅 꼬오 와

　　ありますか。
아 리 마 스 까?

B　ごめんなさい。私もよく知らないです。
고 멘　　 나 사 이. 와따시모요 쿠 시 라 나 이 데 스.

A　そうなんですね。分かりました。
소 오난　　 데 스 네.　 와 까 리 마 시 따.

B　ほかの人に聞いてみてください。
호 까 노 히또니 키 이 떼 미 떼 구 다 사 이.

A　실례하겠습니다, 이 근처에 미즈호 은행이 있나요?

B　죄송해요. 저도 잘 몰라요.

A　그렇군요. 알겠습니다.

B　다른 분에게 물어보세요.

🔊 대화 Tip

'다른 사람'이라고 해서 직역하여 違う人라고 하기 보다는 이런 상황에는 '다른, 그 외의'라
는 의미를 나타내기 위해 ほかの를 사용하는 것이 적절하다.

📖 단어

知る[시루] 알다　 そう[소오] 그렇게, 그리　 なんです[난데스] ~입니다

A この近くでバザーを開くと聞いたんですけど、
코 노 치카꾸데 바 자ー 오 히라꾸토 키 이 딴 데 스 께 도,

どこかご存じですか。
도 꼬 카 고 존 지 데 스 까?

B すみませんが、私も知らなくて、
스 미 마 셍 가, 와따시모 시 라 나 꾸 떼

ほかの人に聞いてみてください。
호 카 노 히또니 키 이 떼 미 떼 구 다 사 이.

A あ、分かりました。失礼しました。
아, 와 까 리 마 시 따. 시쯔레에시 마 시 따.

B 人がいっぱいいますけど、
히토 가 입 빠 이 이 마 스 케 도

あそこじゃないですか。
아 소 코 쟈 나 이 데 스 까?

A 이 근처에서 바자회 활동을 한다고 들었는데 어디인지 아세요?

B 죄송한데 저도 잘 몰라서, 다른 분에게 물어보세요.

A 아, 알겠습니다. 실례했습니다.

B 사람이 많은데, 저기 아닌가요?

🔊 대화 Tip

ご存じですか・ご存じでしょうかは 知っていますか(아나요, 아세요)의 정중한 표현이다.

📘 단어

バザー[바자ー] 바자회　開く[히라꾸] 열다　いっぱい[입빠이] 그릇, 장소 따위에 가득 차

있는 모양　あそこ[아소코] 저기

96 힘들다고 할 때

요즘 피곤해요.

最近疲れています。

사이 낑 츠까레 떼 이 마 스.

관련 표현

요즘 피곤한 게 야근 때문인 것 같아요.

最近疲れているのは残業の

사이 낑 츠까레 떼 이 루 노 와 잔 교오 노

せいだと思います。

세 에 다 또 오모 이 마 스.

요즘 너무 힘들어요.

最近とても辛いです。

사이 낑 토 떼 모 츠라 이 데 스.

Tip

동사의 활용형 중 **ている**라는 표현은 '진행'과 '상태'를 나타낸다. 위의 예문은 요즘 피곤한 '상태'를 나타내기 때문에 **疲れている**라고 표현하는 것이 적절하다. '~때문'이라는 원인을 나타내는 표현은 **～のせい**라 표현한다. 부정적인 뉘앙스가 있으니, 긍정적인 뉘앙스를 가진 **おかげで**(덕분에)와는 구분하여 사용하도록 하자.

A さいきんつか
最近疲れています。

사이 낑 츠까레 떼 이 마 스.

B し ごと
仕事のストレスがたまっているから

시 고또노 스토레스가 타 맛 떼이루까 라

なんじゃないですか。

난 쟈 나 이 데 스 까?

A おも
そうだと思います。

소 오 다 또 오모이 마 스.

B こんしゅう　しゅうまつ　やま　い
じゃあ、今週の週末に山に行くのはどう

쟈 아, 콘 슈우 노 슈우 마쯔 니 야마 니 이 꾸 노 와 도 오

かいしょう　　　　　　　　おも
ですか。ストレス解消できると思いますよ。

데 스 까? 스 토 레 스 카이쇼오데 끼 루 또 오모이 마 스 요.

A 요즘 피곤해요.

B 업무 스트레스가 쌓여서 그런 거 아니에요?

A 그런 것 같아요.

B 그럼 이번 주말에 등산 가는 것 어때요? 스트레스 풀 수 있을 거예요.

🔊 대화 Tip

여기서는 스트레스가 쌓여 있는 상태를 나타내기 때문에 ている형인 ストレスがたまっている라고 표현하는 것이 적절하다.

📖 단어

つか
疲れる[츠까레루] 피곤하다, 지치다　ストレス[스토레스] 스트레스　そうだ[소오다] 그렇다,
그러하다　と[또] (내용을 가리키는 데 씀) ~(라)고　やま
山[야마] 산　かいしょう
解消[카이쇼오] 해소

A 最近とても辛いです。
사이 낑 토 떼 모 쯔라이 데 스.

B どうかしたんですか。
도 오 카 시 딴　데 스 까?

A 勉強しながらバイトもして学費を
벵 꾜오시나 가 라 바 이또모 시 떼 가꾸 히 오

稼がなくちゃいけないんです。
카세 가 나 쿠 챠　이 께 나 인　데 스.

B 学校に行って政府の大学生支援
각 꼬오 니 잇　떼 세에 후 노 다이가쿠세에 시 엔

プログラムとか調べてみたらどうですか。
프 로 그 라 무 또 까 시라베 떼 미 따 라 도 오 데 스 까?

A 요즘 너무 힘드네요.
B 무슨 일 있어요?
A 공부하면서 또한 아르바이트도 해서 학비를 벌어야 해서요.
B 학교에 가서 정부가 제공해주는 대학생 지원 프로그램 같은 걸 알아보는 건 어때요?

대화 Tip

우리말로 아르바이트를 줄여서 '알바'라고 하듯이 일본에서는 アルバイト를 줄여서 'バイト'라고 한다. '~하면서'는 'ます형 + ながら'로 나타낼 수 있다. 예를 들어, '音楽を聴きながら'(음악을 들으면서), 'ダイエットをしながら'(다이어트를 하면서), '道を歩きながら'(길을 걸으면서) 등으로 표현할 수 있다.

단어

辛い[쯔라이] 힘들다　バイト[바이또] 아르바이트　学費[가쿠히] 학비　稼ぐ[카세구] (돈을)
벌다　政府[세에후] 정무　支援プログラム[시엔프로그라무] 지원 프로그램

97 고민을 이야기할 때

고민이 있어요.

悩み事があります。

나야 미 고또 가 아 리 마 스.

저는 고민이 있는데 어떻게 해야 할지 모르겠어요.

悩み事があるんですけど、

나야 미 고또 가 아 룬 데 스 케 도,

どうすればいいか分かりません。

도 오 스 레 바 이 이 까 와 까 리 마 셍.

제가 고민이 있는데 도와줄 수 있어요?

悩み事があるんですけど、

나야 미 고또 가 아 룬 데 스 께 도,

手伝ってもらってもいいですか。

테 쯔닷 떼 모 랏 떼 모 이 이 데 스 까?

Tip

'어떻게 하면 좋을지'는 どうすればいいか로 표현하며, '어떻게 하면 좋을까?'라는 의문문은 どうすればいいでしょうか가 적절하다.

A 悩み事があるんですけど、
나야미 고또가 아룬 데스 께도,

どうすればいいか分かりません。
도오스레바이이 까 와 까 리마 셍.

B どうしたんですか。
도 오시 딴 데 스 까?

A 好きな女の子がいるんですけど、どうやって
스키 나온나노 코가 이룬 데스케도, 도오얏 떼

告白すればいいか分からないんです。
코꾸하꾸스 레 바이이까 와 까 라나인 데 스.

B 私もいい方法を考えてみます。
와따시모이 이 호-호- 오 캉가에 떼 미 마 스.

A 제가 고민이 좀 있는데 어떻게 해야 할지 모르겠어요.

B 무슨 일인데요?

A 좋아하는 여자애가 있는데 어떻게 고백해야 할지 모르겠어요.

B 저도 좋은 방법을 생각해 볼게요.

단어

悩み事[나야미고또] 고민거리, 고민   どうやって[도오얏떼] 어떻게   告白[코꾸하꾸] 고백

A 悩み事があるんですけど、いい考えを引き出
나야미 고또가 아룬 데스 께도, 이 이 캉가에 오 히 끼 다

せるよう手伝ってもらってもいいですか。
세 루 요오 테 츠닷 떼 모 랏 떼 모 이 이 데 스 까?

B 悩みって何ですか。
나야 밋 떼 난 데 스 까?

A 僕と上司とで意見がぶつかり合うんです。
보꾸또 죠우시 또 데 이 껭 가 부 쯔 카 리 아운 데 스.

B 私の考えでは、中村さんから積極的に
와따시노캉가 에 데 와, 나까무라 상 까 라 셋 꾜꾸 떼끼 니

話し合ってみたらどうですか。
하나시 앗 떼 미 따 라 도 오 데 스 까?

A 제가 고민이 있는데 좋은 생각을 끌어낼 수 있게 도와줄 수 있어요?

B 고민이 뭐죠?

A 저랑 상사랑 의견 충돌이 있어서요.

B 제 생각에는 나카무라 씨부터 적극적으로 얘기를 나눠보는 게 좋을 것 같아요.

대화 Tip

引き出す는 '끌어오다'라는 의미를 가지고 있는데, 이와 관련된 단어로는 명사형인 引き出し가 있다. 이는 서랍, 혹은 인출을 뜻한다.

단어

考え[캉가에] 생각　引き出す[히끼다스] 끌어오다　上司[죠우시] 상사　ぶつかる[부쯔카루] 충돌하다, 부딪치다　積極的[셋꾜꾸떼끼] 적극적

다시 말해 달라고 할 때

다시 한번 말씀해 주세요.

もう一度言ってください。

모 오이찌 도 잇 떼 구 다 사 이.

관련 **표현**

잘 알아듣지 못했는데, 한 번 더 말해줄 수 있나요?

よく聞き取れなかったのですが、

요 꾸 키 끼 토 레 나 깟 따 노 데 스 가,

もう一度言ってくれませんか。

모 오 이치 도 잇 떼 쿠 레 마 셍 까?

제가 일본어를 잘 못해서 다시 한번 말해 주세요.

日本語があまり上手じゃないので、

니 홍 고 가 아 마 리 죠오즈 쟈 나 이 노 데,

もう一度言ってください。

모 오 이찌 도 잇 떼 구 다 사 이.

Tip

'말을 알아듣다'라는 의미에서의 '듣다'는 聞く보다 聞き取る가 더 적절하다. '말하다'라는 뜻의 표현은 다양한데, 먼저 言う의 경우는 발화에 초점이 된 '말하다'에 가까우며, 話す와 語る는 '이야기하다'에 가깝고, 喋る는 '수다를 떨다'라는 의미에 가깝다.

A もう一度言ってくれませんか。
모 오 이찌 도 잇　 떼 쿠 레 마 셍　 까?

B はい、私がゆっくり言いますね。
하 이, 와따시가 윳　 꾸 리 이 이 마 스 네.

A 今度はよく聞こえました。
콘 도 와 요꾸 키 꼬 에 마 시 따.

ありがとうございます。
아 리 가 또 － 고 자 이 마 스.

B 聞き取りが難しいですよね、たくさん聞いたら
키 끼 토 리 가 무즈까시 이 데 스 요 네,　타 쿠 상　 키 이 따 라

きっとよく聞こえるようになりますよ。
킷　 또 요 꾸 키 코 에 루 요 오 니 나 리 마 스 요.

A 다시 한번 말씀해 주시겠어요?

B 그래요, 제가 천천히 말할게요.

A 이번에 잘 들었어요. 감사합니다.

B 듣기가 어렵죠, 많이 들으면 분명 잘 들리게 될 거예요.

🔊 대화 Tip

충고할 때, '～하면 좋다'라는 의미에서의 '～하면'은 가정형 ～たら를 사용하는 것이 적절하다.

📖 단어

ゆっくり[윳꾸리] 천천히, 느긋하게　聞こえる[키꼬에루] 들리다　聞き取り[키끼토리]

듣기　難しい[무즈까시이] 어렵다　たくさん[타쿠상] 많이

A すみませんが、もう一度言ってください。
스 미 마 셍　가, 모오이찌도 잇　떼구다사이.

B もう一回言いますね。理解できました？
모 오 잇 까이 이 이 마 스 네.　리 까이 데 키 마 시 따?

A また理解できませんでした。
마 따 리까이데 끼마 셍　데 시 따.

B 大丈夫ですよ。僕が書いて見せてあげます。
다이죠오부 데 스 요. 보꾸가 카 이 떼미 세 떼아 게 마 스.

A 죄송한데, 다시 한번 말씀해 주세요.

B 다시 말할게요. 이해했어요?

A 또 이해 못했어요.

B 괜찮아요, 제가 써서 보여드릴게요.

📖 단어

理解する[리까이스루] 이해하다　書く[카쿠] 쓰다　見せる[미세루] 보여주다

99 물건을 사 달라고 할 때

콜라 좀 사다 줄 수 있어요?

コーラ買ってきてくれますか。

코— 라 캇 떼 키 떼 쿠 레 마 스 까?

간장 한 병 사다 주실래요?

醤油一本買ってきてくれる？

쇼오 유 잇 뽕 캇 떼 키 떼 쿠 레 루?

아이스커피 좀 사다 주실래요?

アイスコーヒー買ってきてくれる？

아 이 스 코— 히— 캇 떼 키 떼 쿠 레 루?

Tip

일본어에서 개수를 세는 표현은 여러가지가 있다. 일반적으로 '~개'를 표현하는 표현은 '~個'인데 사물의 유형에 따라 표현이 달라진다. 예컨대 종이를 세는 단위 '장'은 '枚', 병처럼 기다란 것을 셀 때는 '本'을 쓴다. 다만 발음에 유의해야 한다. 기본 발음은 'ほん'이지만 앞에 붙는 숫자에 따라 'ぽん'이나 'ぼん'이 될 수 있다.

A あなた、帰り道に醤油一本買ってきてくれる？
아 나 따, 카에리 미치 니 쇼오 유 잇 뽕 캇　떼 키 떼 쿠 레 루?

B 家に醤油ないの？
이에 니 쇼오 유 나 이 노?

A うん、いつもの買ってきてね。
응,　이 쯔 모 노 캇　떼 키 떼 네.

B 分かったよ。
와 캇　　따 요.

A 남편, 돌아오는 길에 간장 한 병 사다 줄래요?
B 집에 간장 없어요?
A 응, 늘 사던 걸로 사와야 해요.
B 알겠어요.

🔊 대화 Tip

일본어에는 사물의 개수를 셀 때 사용하는 다양한 단위가 있다. 기다란 막대 혹은 병을 셀 때 쓰는 단위는 本을 사용한다.

늘 사던 것, 늘 먹던 것, 늘 쓰던 것을 통틀어 いつもの(항상, 늘) + もの(것)를 줄여 いつもの라고 한다.

📖 단어

帰り道[카에리미치] 귀갓길, 집에 돌아가는 길　　醤油[쇼오유] 간장　　買う[카우] 사다

いつもの[이쯔모노] 늘 쓰던 것, 늘 사던 것

A どこ行<ruby>行<rt>い</rt></ruby>くの?
도 꼬 이 쿠 노?

B コンビニ。
콘 비니.

A じゃあ、アイスコーヒー<ruby>買<rt>か</rt></ruby>ってきてくれる？
쟈 아, 아 이 스 코- 히- 캇 떼 키 떼 쿠 레 루?

B いいよ。
이 이 요.

- -

A 어디 가요?
B 저 편의점에 가요.
A 그럼 아이스커피 사다 줄 수 있을까요?
B 그래요.

PLUS *(아이스커피에 대한 질문)
누구와 마시고 싶니?

<ruby>誰<rt>だれ</rt></ruby>と<ruby>飲<rt>の</rt></ruby>んでみたい？
다 레 또 논 데 미 따 이?

*(편의점에서 계산할 때)
전부해서 얼마입니까?

<ruby>全部<rt>ぜん ぶ</rt></ruby>でいくらですか。
젬 부 데 이 꾸 라 데 스 까?

📖 **단어**

どこ[도꼬] 어디, 어느 곳   コンビニ[콘비니] 편의점   アイスコーヒー[아이스코-히-]
아이스커피

100 자리를 바꿔줄 수 있는지 물을 때

자리를 바꿔줄 수 있나요?

^{せき} ^か
席を変えていただけませんか。

세끼오 카 에 떼 이 따다 께마 셍 까?

저와 자리를 바꿀 수 있나요?

^{わたし} ^{せき} ^か
私と席を替えることができますか。

와따시또세끼오 카 에루 코 또가 데 끼마 스 까?

저와 자리를 바꿀 수 있나요?

^{せき} ^か
席を変えてもらえますか。

세끼오 카 에 떼모라에마 스 까?

+PLUS *(바꾸려는 좌석의 위치를 물어볼 때)
그건 몇 층에 있습니까?

^{なんがい}
それは何階にありますか。

소 레 와 낭 가이 니 아 리 마스 까?

↳ 一階(いっかい)、二階(にかい)、三階(さんがい)、四階(よんかい)、五階(ごか
い)、六階(ろっかい)、七階(ななかい)、八階(はっかい)、九階(きゅうかい)、
十階(じっかい)

Part 8

도면

333

A すみませんが、
스 미 마 셍　가,

A 席を変えていただけませんか。
세끼오 카 에 떼 이 따다 께 마 셍　　까?

B どこの席ですか。
도 꼬 노 세끼 데 스 까?

A 前から5番目の席です。
마에 까 라고방 메 노 세끼 데 스.

B 分かりました。いいですよ。
와 까 리 마 시 따.　이 이 데 스 요.

A 죄송한데 자리를 바꿔 주실 수 있나요?

B 자리가 어디죠?

A 앞에서 다섯 번째 자리예요.

B 알겠습니다. 좋아요.

🔊 대화 Tip

횟수를 나타낼 때, 우리말로 '한 번, 두 번…'이라고 표현하여 일본어로 番와 回를 혼동하기 쉽다. 위 대화에서는 자리의 순서를 나타내는 것이므로 番을 사용한다. 예를 들어, '일본에 세 번 간 적이 있습니다'에서의 세 번은 순서가 아닌 횟수를 나타내는 것이므로 三回를 사용해 '日本に三回行ったことがあります。'라고 하는 것이 옳다.

📖 단어

席[세끼] 자리　変える[카에루] 바꾸다　目[메] (순서를 나타낼 때 붙이는 말) 째

A あのう、すみませんが、
아 노오, 스미마셍 가,

席を変えてもらえますか。
세끼오 카 에 떼 모라에마스 까?

B すみませんが、理由を聞いてもいいですか。
스미마셍 가, 리유-오 키이 떼 모이 이데스 까?

A 隣の席が私の母親なんです。
토나리노세끼 가 와따시노 하하오야 난 데 스.

B あ、そうだったんですね。いいですよ。
아, 소오닷 딴 데스네. 이이데스요.

- **A** 저기, 죄송한데 자리를 바꿔줄 수 있나요?
- **B** 실례지만, 이유를 물어봐도 될까요?
- **A** 옆자리가 저희 어머니거든요.
- **B** 아, 그랬군요. 좋아요.

🔊 대화 Tip

隣와 橫는 우리나라 말로 모두 '옆'이다. 이들 사이에도 차이점이 존재하는데, 隣는 같은 종류, 같은 수준의 것이 나란히 있는 경우를 말한다.

예) 隣の人(옆 사람), うちの隣(우리 옆집)
토나리노히또   우찌 노 토나리

반면, 橫의 경우 단순히 사물과 사물이 인접해 있는 관계를 나타낸다.

예) 銀行は本屋の 橫にある。(은행은 서점 옆에 있다.)
긴 꼬오와 홍 야 노 요꼬니아 루.

📖 단어

理由[리유-] 이유 隣[토나리] 옆 母親[하하오야] 모친, 어머니

바로바로 일본어 독학 첫걸음

이민정 엮음 | 148*210mm | 420쪽
15,000원(본문 mp3 파일
+ 주요 문장 동영상 강의 DVD 포함)

바로바로 일본어 독학 단어장

서지위, 장현애 저 | 128*188mm | 308쪽
14,000원(본문 mp3 파일 무료 제공)

잼잼 쉬운 일본어 첫걸음

이원준 저 | 170*233mm | 308쪽
15,000원(본문 QR코드 제공 및
mp3 무료 다운로드)

잼잼 쉬운 여행 일본어

서지위, 장현애 저 | 148*210mm | 300쪽
14,000원(본문 QR코드 수록 및
mp3 파일 무료 제공) | 2023년 8월 10일